发现另一个深圳

深圳78街『全景画像』

罗湖

本书编委会 ◎ 编

深圳出版社

图书在版编目（CIP）数据

发现另一个深圳：深圳 78 街"全景画像". 罗湖 /
本书编委会编 . -- 深圳：深圳出版社，2025. 1.
ISBN 978-7-5507-4216-1

Ⅰ . K926.53

中国国家版本馆 CIP 数据核字第 2024K9W337 号

发现另一个深圳：深圳 78 街"全景画像"（罗湖）

FAXIAN LINGYIGE SHENZHEN: SHENZHEN 78 JIE "QUANJING HUAXIANG" (LUO HU)

出 品 人	聂雄前
封面题字	欧阳明钰
责任编辑	陈 嫣
责任校对	熊 星
责任技编	郑 欢
装帧设计	字在轩

出版发行　深圳出版社

地　　址　深圳市彩田南路海天综合大厦　（518033）

网　　址　www.htph.com.cn

订购电话　0755-83460239（邮购、团购）

设计制作　深圳市字在轩文化科技有限公司

印　　刷　中华商务联合印刷（广东）有限公司

开　　本　889mm×1194mm 1/32

印　　张　9.25

字　　数　170 千字

版　　次　2025 年 1 月第 1 版

印　　次　2025 年 1 月第 1 次

定　　价　78.00 元

历史的记录 未来的出发

城市是文化的容器，文化是城市的灵魂，也是城市发展的动力之源。千人千面，一城万象。老街旧巷、青砖黛瓦，写满岁月悠长；车水马龙、天际地标，诉说都市繁华；碧海蓝天、绿树红花，描绘怡人风光；美食民俗、非遗匠心，飘扬人间烟火；硬核科技、智慧生活，点亮未来道路。从文化社区到文化街区再到文化城区，无数微观、中观、宏观景象不断集成融合，造就了城市文化的全貌拼图，回首历史，着眼当下，望向未来。

在我看来，文化城市构建的核心是以人为本。城市是人的城市，文化城市要满足人们对精神世界的追求。它不是简单地将文化元素堆砌，而是让文化如水般渗透到居民生活的方方面面。每一处街头巷尾、每一个社区公园、每一座公共建筑，都应该成为文化的载体，能唤起人们内心深处对本土文化的认同感和归属感，同时也能激发对多元文化的包容与欣赏。

深圳，这颗镶嵌在南海之滨的璀璨明珠，是改革开放后党和人民一手缔造的崭新城市，是中国特色社会主义在一张白纸上的精彩演绎。奇迹之城、创新之城、未来之城，是对深圳最宏观的定义;"时间就是金钱、效率就是生命""敢闯敢试、敢为人先、埋头苦干"浓缩的是深圳锐意进取的时代精神;商周古墓、南头古城、大鹏所城印刻了深圳的千年历史;华为、比亚迪、大疆、腾讯是深圳经济浪潮的璀璨星光。如果用一个橱窗来展示深圳的城市文化,那么它们都是最有代表性的展品,吸引着八方来客。但深圳的文化魅力远不止于此。

纵观我国的行政区划,街道是最小的行政单元,市民群众幸福生活的起始点和落脚点都在街道。街道更是鲜活的史书,是城市文化记忆的参与者、记录者和见证者。在深圳的78个街道中,大家想必都听说过"宇宙最牛街道"——深圳南山区粤海街道,好奇一个小小的街道,是怎么驱动科技创新和经济发展巨轮的。只有走遍78个街道,才能尽览城市风光、感受城市魅力,充分探究深圳的城市文化,发现和媒体宣传、刻板印象中都不一样的深圳。

深圳倾力推出的《发现另一个深圳:深圳78街"全景画像"》,汇集了78幅"街道画像",以具有镜头感、叙事感的语言风格,不拘形式,全方位展现各街道的形象。在书的每一页,你都能感受到深圳的城市脉动:登上莲花山俯瞰中央商务区华灯璀璨,在水贝黄金珠宝交易市场目不暇接,沿着大小梅沙的海岸线踏浪前行,仰望大疆天空之城"打卡"科技地标,坐上湾区之光摩天轮一览湾区美景,漫步甘坑古镇体验客家文化,游览大浪时尚小镇看尽服装时尚风潮,在比亚迪六角大楼领略新能源汽车领军企业的风采，前往光明农场大观园挤牛奶、品乳鸽、啃玉米，瞻仰广东省临委和东江纵队遗址回顾革命年代的峥嵘岁月，登上另一座莲花山俯瞰深圳再造一座新城的蓬勃气象。

文明如水，润物无声；岁月如梭，磨砺生辉。在深圳这座年轻而又充满活力的城市中，街道不仅连接着城市的各个角落，更连接着深圳的过去与未来。这本街道版的"四库全书"，不仅丰富了深圳的文化符号，更打开了了解深圳的另一扇窗，让更多的人看见街道，为开展招商引资、发展文旅产业、传承历史文化等工作提供资料参考，也让世界认识到深圳改革开放历史文化名城的特殊价值和无穷魅力。

历史是城市的记忆，文化是城市的灵魂。守护城市的历史文化，就是守护城市的生命力。放眼未来，期待深圳在新时代书写更多属于自己的人类文明新形态。

故宫博物院学术委员会主任
中国文物学会专家委员会主任

146
昔日中华第一仓
今日罗湖新客厅
笋岗街道

226
从"二线插花地"到
"罗湖北部聚宝盆"
东晓街道

256
清水河畔汽笛悠扬
总部新城活力迸发
清水河街道

052
穿越百年古墟
走进中国商业开放第一街
东门街道

084
红色传承蔡屋围 金融商贸核心区
桂园街道

120
深圳也有一个"南湖"
南湖街道

罗湖区
10 街道"全景画像"

目录
CONTENTS

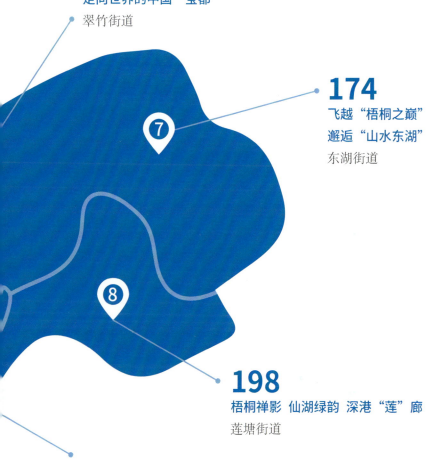

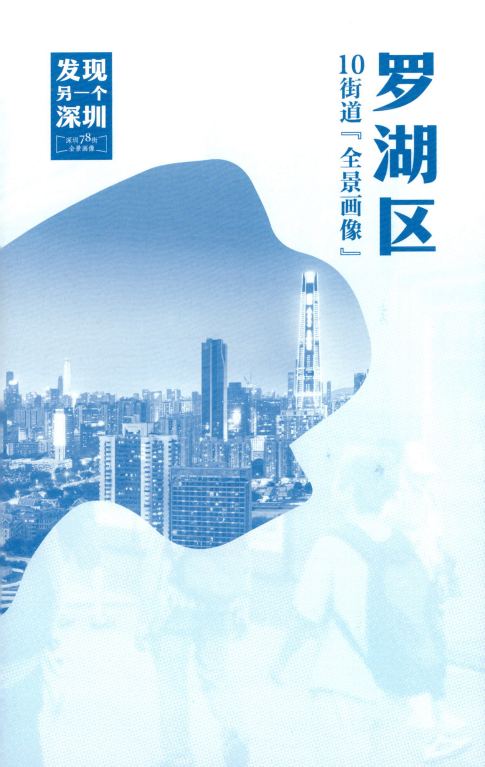

发现
另一个
深圳

深圳78街
全景画像

10街道
『全景画像』

罗湖区

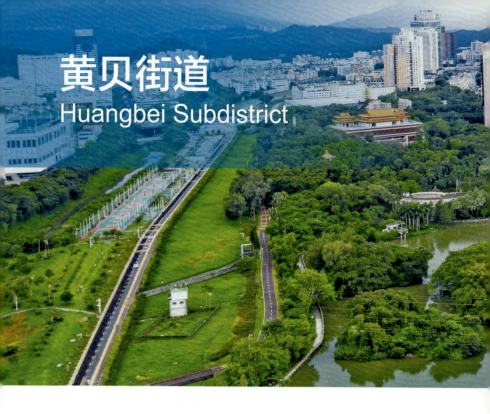

黄贝街道
Huangbei Subdistrict

深南大道东起点，是黄贝故事的开篇。从这里出发，黄贝街道犹如一部生动的史书，记载着岁月的变迁与发展，一砖一石、一房一瓦、一街一巷，处处承载着罗湖特有的文化符号，浓缩了一方人的独特记忆。翻阅史书看黄贝，这里有历史悠久的黄贝岭村，铸就了包容宽厚的人文底蕴；这里有开放百年的文锦渡口岸，守护了供港生鲜的绿色通道；这里有守望香港的"深港供水线"，联结了血浓于水的骨肉亲情。打开地图看黄贝，这里是深南大道东起点，见证着敢为人先的深圳奇迹；这里是罗湖政治文化中心，书写着多元汇

聚的城区图景；这里是深圳河流经地，滋养着一衣带水的深港
情谊。

　　黄贝街道位于深港口岸经济带罗湖先行区的南部核心腹地。
1983 年 12 月，黄贝街道正式设立。它东起延芳路，西至文锦路，
南至深圳河，北至爱国路，总面积约 7.501 平方千米，实际管理
人口约 18.4 万人，近 7400 名港籍居民、2000 余名跨境学童在
此生活，是罗湖由南向北、承西启东、深港联通的重要枢纽。街
道内有幼儿园 28 所、中小学 20 所，区图书馆、体育馆、青少年
活动中心等大型场馆以及深圳交响乐团等文化机构一应俱全，共
同构筑了一个宜居、宜业、宜游、宜学、宜养的品质街区。

深南大道东门户
一河两岸"贝"交融

黄贝街道

黄贝街道位置示意图

大道之东，这里是连横合纵的交通枢纽

位于深南大道东起点的黄贝，一直是罗湖由南向北、承东启西的重要交通枢纽。在这里，交通线路如同一张精密编织的立体网络，将黄贝紧紧包裹其中。东部过境高速、春风隧道、丹平快速、罗沙路、深南路等主干道纵横交错，深圳地铁2、5、8、9号线呼啸而过，58条

公交路线穿梭其间……四通八达的交通路线，宛如城市的血脉，输送着源源不断的活力和希望。

从地上到地下，这里是大道连横、贯通东西的交通枢纽。当人们聊到深圳的发展史，总是绕不过一条道路的兴建——深南大道。深南大道总长约25.6千米，其中从红岭路到沿河路段之间的部分，长约3.8千米，被划分为深南东路，而深南东路的起点正是黄贝。驻足于深南沿河立交桥上向西边远眺，可以看到川流不息的车辆和绿树成荫的人行道，宽阔的路面宛如一条巨龙，横卧在城市之间。除了地面上的交通要道，地底下的地铁线路也同样繁忙不休，从人潮涌动的黄贝岭地铁站便可窥见一斑。黄贝岭站是深圳地铁2、5、8号线三大地铁线路的综合换乘点，每天早晚高峰时间，可以看到脚步匆匆的上班族、步履轻快的学生、行囊鼓鼓的背包客，交织出一幅繁忙而又充满活力的都市生活画卷。

从晨曦映照到夜幕深沉，这里是川流不息、人流熙攘的都市要径。全国最长的公交站点在哪儿？据说，来黄贝岭看看就知道了。有人做过这样的对比：20世纪90年代中期耸立起来的实高324.8米的地王大厦是当时全国第一高楼，把地王大厦放平差不多就是黄贝岭公交站站台的长度。黄贝岭公交站缘何建得如此之长？因为此站点是东侧走廊的关键节点，对提升市区至盐田、大鹏等区的公交运输效率至关重要。这里客流量巨大，几十趟公交车都在这里停靠，而如此高效运行的公交站是通过一次次创新改革服务方式才得以实现的。20世纪90年代，深圳公交大巴是老

发现另一个深圳

深圳78街·全景画像（罗湖）

黄贝街道

罗芳立交

式的黄海普巴，有 3 个门，配有 2 名乘务员，所有的门都可以上下客，可一到高峰期，他们还是忙不过来，经常出现漏票的情况。那时，一辆公交车通常配备 4 名乘务员、2 名司机，加上轮休，每辆车至少需要 6 名工作人员。为了提升服务效率，深圳决定借鉴香港城市公交企业的先进经验，选定从黄贝岭开出的 10 路公交车试行无人售票。1992 年 11 月 23 日，全国第一趟无人售票公交车从黄贝岭顺利开出。深圳女作家郁秀在她红极一时的青春小说《花季·雨季》中，真实地记录了当时深圳人对无人售票公交车的好奇："好不容易挤上 10 路车。这是深圳市第一辆无人售票车。公共汽车无人售票，是跟香港学的。每当这样一辆车缓缓驶过街头巷尾时，总能看到人们停下脚步，用充满好奇的眼神注视着它。"从这些文字里，我们能深切地感受到无人售票在当时所引起的巨大轰动。北京、上海、天津、重庆等多个大中城市的公交公司纷纷慕名前来参观考察，仅仅 1 年多以后，全国就有 50 多个城市采用了深圳的"城市公共汽车无人售票系统"。

从过去走向当代，这里是古渡焕新、商旅如云的口岸门户。在深圳河河畔，伫立着文锦渡口岸的联检综合楼，它的立面以玻璃幕墙和混凝土结构为主，每当傍晚来临，玻璃幕墙在夕阳的映照下，闪耀着柔和而温暖的光芒，繁忙的口岸仿佛披上了一层金色的纱幔。看着这幅夕阳画卷，很难想象这条连接内地与香港的"绿色生命线"，最初仅仅是一座独木桥。据《九龙海关志》记载，搬运工靠肩挑手提，或推着独轮车，将零星的蔬菜物品运送过桥，猪、牛、鸡、鸭则像放牧一般靠人力赶过深圳河。这样的情景一直持续到1938年省港公路建成后，一条崭新的公路桥替代了原先的独木桥，自此，汽车开始川流不息地穿梭于香港与深圳双城之间，海关也在此地设立检查关卡，严格盘查过往的货物、车辆及人员，文锦渡口岸应运而生。在深港连接的脉络中，文锦渡口岸一直扮演着重要角色，即便是在日军封锁海岸、切断所有航运的背

文锦渡口岸

景下，文锦渡口岸仍是当时深港两地仅有的陆路通道。20世纪80年代初期，文锦渡口岸成为中国最早对外开放的客、货运综合性公路口岸，一个口岸的报关单量就占全国海关单量的一半以上。后来，供港鲜货逐渐由铁路运输转向更为灵活的公路运输，文锦渡口岸凭借其得天独厚的地理位置和成熟的通关配套条件，成为全国最重要的供港鲜货出口口岸。每年，香港市场80%以上的蔬菜、水果、冰鲜和活畜禽，都是通过文锦渡口岸源源不断地输送的，文锦渡口岸保障了香港市场的鲜货供应与繁荣稳定。

底蕴深厚，这里是穿越时空的城市记忆

漫步在黄贝的街头巷尾，抬头便能望见如雨后春笋般拔地而起的高楼大厦，玻璃幕墙在阳光下熠熠生辉。在摩天大楼之间，错落有致地分布着一个个城中村，散发着浓厚的烟火气和历史韵味。古老与现代交织，传统与现代并存，这就是独属于黄贝的魅力。

"来了就是深圳人"的黄贝岭村。黄贝岭村的历史已长达650多年，是深圳最古老的村落之一，承载着这座城市深厚的历史与记忆。早在明太祖朱元璋一统天下之时，深圳还未得名，黄贝岭就已悄然屹立于此。村落

中居民大多姓张，与罗湖水贝、湖贝、向西等地的张氏族人同宗同源，其家族渊源可追溯至汉代杰出谋士张良，他与韩信、萧何并称为"汉初三杰"，被尊为谋圣。至于村名的由来则有不同的说法。据村中老人讲，"贝岭"的意思是"背靠山岭"，这里的山岭名为"凤山"，因凤山主要由黄泥土构成，当地人又逐渐将"背"简写为"贝"，所以叫作黄贝岭。还有另一种说法，称黄贝岭原本是凰贝岭，因为村子靠凤山，而凤山是梧桐山来龙的落穴之处，与东面的梧桐山遥相呼应，正所谓凤凰止于梧桐，故而得名。改革开放浪潮汹涌而来，黄贝岭成为众多异乡人来深的

黄贝岭村旧照

第一站，这些来自天南海北、五湖四海的人，带着各自的梦想与憧憬，会聚于此，如同涓涓细流融入大海。而"来了就是深圳人"这句充满包容与希望的话语，也在他们的身上有了最为鲜活、生动的诠释。在城市蝶变的过程中，黄贝岭村依然保留着古村那份宽厚与从容，处处散发着朴实而热闹的人情味儿。

彰显传统之美的古玩城。 在文锦渡口岸对面，隐藏着一处充满古韵的宝藏之地——深圳古玩城，它是深圳唯一一家经深圳市政府批准的文物监管专业市场。走进这片仿古建筑群落，仿佛穿越回了一个遥远而又熟悉的时代。四周环绕着雕梁画栋、飞檐翘角的传统建筑，让人不由自主地放慢脚步，细细品味那份沉淀于时间深处的美好。每一件艺术品、每一个收藏品背后，都承载着精彩绝伦的故事。而那些创意十足的文创产品，则是对古老智慧的现代诠释。在这里，来访者不仅能追溯华夏文明悠久灿烂的历史脉络，还能聆听穿越千年的历史回声，在传承与弘扬中华优秀传统文化的同时汲取灵感与力量。古玩城每年都会如期举行两次"一会一展一节"系列活动，从文博会到古玩交流大会，从鉴宝大会到粤剧粤曲欣赏会，从非遗剪纸服装秀到书法主题讲座……这里不仅是承载着老深圳人共同回忆的寻宝之地，而且在新时代也迸发出古玩、文创产业的新火花。

古玩城

老旧小区见证"敢为人先"的历史记忆。在距离深圳地铁 5 号线怡景站不远处，静静矗立着一个建成于 20 世纪 80 年代的小区——天景花园。这个小区仅有 6 栋住宅楼，居住着约 190 户人家。它和大多数在那个年代建成的小区一样，有着白色的墙体和向外伸出的阳台，并没有什么特别。可是任谁都想象不到，就是这样一个普通的小区，却诞生了内地第一个业主委员会。时间回溯到 20 世纪 90 年代，天景花园管理处遇到了难题：由于供给居民楼的变压器负荷不足，只能挪用供给商铺的变压器来补充居民楼用电，结果引发了一场悬而未决的电费纠纷。管理处意识到，仅靠自己的力量，既难以与众多业主逐一沟通，更无法妥善解决问题。于是，一个想法逐渐明晰：先召集一部分业主代表，大家心平气和地坐下来协商，这或许才是解决问题的良策。在管理处和居民代表的积极推动下，1991 年 3 月 22 日，内地第一个业主委员会在天景花园正式宣告成立。成立之初，解决那令人头疼的电费问题便成为业主委员会的首要任务。委员们迅速行动起来，积极展开磋商，经过 1 个月的不懈努力，终于取得供电局同意，天景花园可以按照居民用电收费标准缴费。业主委员会这种共管模式很快被纳入 1994 年颁布实施的《深圳经济特区住宅区物业管理条例》中。从此，这一创新的社区组织模式开始在全国范围内得到广泛传播与推行，在社区治理历程中留下了浓墨重彩的一笔。

一水同源，这里是深港融合的纽带桥梁

在许多老深圳人眼里，黄贝承载着一份深深镌刻在他们的记忆之中、挥之不去的港式情怀。得益于黄贝毗邻香港文锦渡走廊与新界北新市镇的独特地理位置，约有7400名香港同胞在此安居乐业。这里成为港籍居民的温馨家园，深港居民共同孕育了丰富而深厚的深港文化底蕴。

杏坛两地育桃李。20世纪80年代，深港两地商务往来日趋频繁，到2001年，在深圳工作生活的香港居民已达到13万人，他们希望子女能在深圳享受到符合香港教育体系的教育，以保持与香港教育的衔接，方便将来回香港升学或在国际上发展。为解决这一问题，春源实业有限公司创办了全市首所港人子弟学校——罗湖区港人子弟学校。该校是内地首批获得香港派位的学校，采取双轨制升学，深港学生混合编班，接受同等教育，不分彼此，共学同乐，被称为"离港的香港小学"。如今，在大湾区战略规划的吸引下和学校爱国主义教育的影响下，回到内地发展的毕业生比例不断攀升，他们的就业发展方向也在不断变化。据统计，2016年之前就业的毕业生，有20%从事互联网等科技行业，是父辈从事此行业的两倍。港人子弟学校的学子们，正以深

深圳河

圳为中心，遍布湾区各大城市，在大湾区版图上擘画着美好未来。

一河两岸心相融。走进文华社区，有一条长约 280 米、面积约 4800 平方米的深港睦邻友好街区，道路两旁榕树林立，路面宽阔整洁，随处可见港味十足的新潮艺术涂鸦和雕塑装置。老人坐在长椅上聊天乘凉，儿童围绕着雕塑嬉戏打闹。选择在这里建设深港睦邻友好街区，是因为文华社区紧靠文锦渡口岸，居住着 1000 多名跨境学童和 2000 多名港籍居民，是深港居民深入交流、深港社会深度交融的舞台。在社区党委的引导下，一个个居民微信群建立起来了，针对深港居民需求量身定制的服务活动遍地开花，诸如跨境司机驿站、暖蜂驿站、环卫工人休憩室等多元化服务站点，成为跨境司机、快递员等新业态从业者竞相追捧的热门之地。"党委委员＋网格员＋专业社工"这一创新服务小组，为深港居民提供了无微不至、全天候的政务服务，不仅让港人"心更近"，更促使他们"安心居住、深度融合"。

深港睦邻友好街区

深港同存罗芳村。深圳和香港都有个"罗芳村"。20 世纪 80 年代，一首脍炙人口的歌曲唱道："小河弯弯向南流，流到香江去看一看……"这悠扬旋律中的小河，正是静静流淌过黄贝街道的深圳河。河的两岸，遥相呼应着两个名字一样的村落——深圳罗芳村与香港的罗芳村。昔日，河两岸经济尚有较大差距，但随着深圳经济特区的建立，这一切悄然改变。深圳的罗芳村的农民在自家田地里种出的青菜，竟能在对岸香港卖出令人咋舌的高价，种菜村民的人均月收入轻松过万，家家户户成了名副其实的"万元户"。不仅如此，他们还建起了厂房，吸引港商投资设厂，经济活力与日俱增。与此同时，深圳城市化建设的浪潮汹涌澎湃，无数外地追梦人涌入罗芳村，寻找一片栖息之地。昔日的菜农们，不再奔波于两岸贩卖蔬菜，而是转而通过出租房屋，收获了新的财富，实现了从贫困到富裕的华丽转身。如今，深圳的罗芳村正规划着一次全新的蜕变，将重建为一个超过 11 万平方米的多功能区域，青山与绿水环抱，居住与商业功能并重，产业链条愈发完善。从昔日的小乡村，到今日的繁华城区，罗芳村再次扬帆起航，向着未来全新的产业价值高地迈进。

20 世纪 50 年代罗芳村村民过境耕作

人文交错，这里是宜居宜游的烟火人间

穿越东湖公园、粤海体育休闲公园连绵成片的绿色画卷，感受生态走廊的自然野趣；漫步在凤凰路、黄贝岭村各色美食的烟火气中，让老广的味道在舌尖跳动；欣赏交响乐队、舞狮呈现的文艺盛宴，享受视觉和听感的极致体验；走进"家门口"的黄贝岭颐养院、"一馆一中心"，解锁无微不至的"一老一小"关怀……在黄贝，惬意的慢生活缓缓打开。

绿意葱茏的宜居家园。黄贝倚靠大东湖生态廊道，内有东湖公园、罗湖体育休闲公园、粤海体育休闲公园、沙湾河（深圳水库排洪河），外接深圳水库、深圳河，与香港大雾山相连。这里可见青山，可观碧水，绿意葱茏的锦绣山水点缀着欣欣向荣的城区生活。其中，东湖公园的景致堪称一绝。踏入公园，轻柔的山风悠悠拂来，似在耳边低语，召唤着人们沿着匙羹山开启一场奇妙的攀登之旅。匙羹山宛如一把天工巧成的巨勺，一端化作细长勺柄，悄然探入深圳水库的澄澈怀抱；另一端则似圆润勺头，与东湖公园亲密无间地衔接。沿途的假山层峦叠嶂，曲径通幽，还可以欣赏蕴含人文典故的红楼、山门、华亭、长廊、劳乐亭等景观，直至山顶远眺梧桐山景，近瞰水库湖光水色。

八方荟萃的市井烟火。"一半烟火一半城市"是黄贝街道的真实写照：高耸入云的建筑群和烟火丰盛的城中村交会相融，到了夜晚，街道两侧的餐饮店里忙得热火朝天，咸香辣甜百味交织，川湘粤闽菜系碰撞，味蕾的愉悦足以抚慰一日奔波的辛苦。坐落于国宾大酒店的悦景酒家被称作"深圳早茶天花板"，西式的氛围、中式的菜品，让喝早茶都变得优雅、精致。招牌的现烤乳鸽外酥里嫩、汁水丰盈，咬下去一口爆汁，卤香四溢。清煮黄花鱼是经典的粤西渔家风味，简单的烹调方式更能突显食材的鲜嫩。在黄贝岭村开了20多年的肥姐牛杂藏着许多黄贝人的童年回忆，从"走鬼档"到临街小铺，

粤式美食

依旧保持着 2 元起卖的价格。切得大块的牛杂，被整整齐齐地放入锅中，再慢慢地煨出绵长的肉香。有人说，20 多年过去了，肥姐的牛杂味道还是没怎么变，"每次一吃，就好像回到了小学时代"。

"一老一小" 的幸福生活。"黄发垂髫，并怡然自乐。"这句话出自东晋陶渊明的《桃花源记》，句中描绘的场景如今在黄贝重现，街道整合各类资源用爱托起了"一老一小"的幸福生活。黄贝岭颐养院是由村集体股份公司倾心打造的非营利性养老服务阵地，共 11 层，总面积达 5500 平方米，院内精心规划了两大主题下的 9 个区域：社康中心、康复中心、照料中心、专为失能失智长者设计的养护房、充满温情的亲情公寓、便捷的洗浴区、风味餐厅、活动娱乐区，以及充满人文关怀的临终关怀区。无论何时步入颐养院，都能感受到老人们的欢声笑语，他们在护理人员的细心陪伴下，度过了无数个温润如春的日夜。而在深圳市螺岭外国语实验学校旁边，有一座罗湖区未成年人健康服务站。这里，以"身、心、灵全面健康"为核心，通过寓教于乐的方式，将健康知识播撒在孩子们的心田，让他们在快乐中收获健康。服务站还设计了活泼可爱的吉祥物"黄小贝"，它不仅是服务站的形象大使，更是孩子们的亲密伙伴，引领他们积极参与健康活动，为孩子们的身心健康撑起一片蓝天。

产业多元，这里是业态向新的蝶变之地

深南东路，是罗湖商业发展的"黄金中轴线"和罗湖总部经济主廊道的"始发站"。黄贝坐拥其"首"，拥

有底蕴深厚的商贸传统。原本的深南东路 1001 号，是一家名叫"三九"的大酒店。作为 20 世纪 90 年代的文旅地标，它见证了深圳的改革开放和发展成果。在被列入华润集团的旧改项目后，2024 年初 1001 号正式以"深润大厦"面世。从它透视黄贝，一幅货代物流业蓬勃发展，文旅、商贸业焕新升级的图卷正在徐徐展开。

货代物流的"新门户"。 历史感与现代感交织的深南东路上，深润大厦、仁恒世纪、瑞思国际等标志性建筑，超 30 万平方米的优质产业空间，吸引了大批优质企业纷至沓来。在这条标

深润大厦

志性道路的起点深南大道 1001 号，一座标志性的现代化商务楼宇拔地而起，这便是罗湖区首个货代物流产业集群专业楼宇——深润大厦。众多货代物流龙头企业在此聚集，如九立供应链、富海通国际、泰博国际、金龙腾、领洋航运、运筹帷幄等。这些企业能够精准地从客户需求出发，为其精心定制独一无二的物流规划，仓储资源被巧妙地布局和管理，陆运的卡车、海运的巨轮以及空运的银鹰，都在企业的指挥下各就各位，实现最优化的调配组合。每一个运输环节都紧密关联，协同运转。不管货物是要运往欧美成熟的老牌市场，还是奔赴充满机遇与挑战的"一带一路"共建国家，又或是遥远的南美、拉丁美洲，都能通过这里完善的物流体系一站式搞定，为深圳持续推进"买全球、卖全球"，增加全球市场"含深度"的战略保驾护航。

焕新出发的"童年造梦厂"。走出深圳地铁 5 号线的怡景站，仿佛踏入了另一个次元，深圳国家动漫产业基地就呈现在眼前，如同一扇通往奇幻世界的大门。园区的围墙上，一幅幅生动的主题漫画跃然其上，将每一位访客牵引进一个充满活泼与时尚气息的卡通王国。动漫产业基地是国内数字创意行业的标杆之一，拥有超 10 万分钟的原创动漫作品生产能力，衍生产品远销多个国家和地区。动漫基地将焕新为约 2.65 万平方米产业空间，

深圳国家动漫产业基地

构建以数字生产、数字应用和数字体验为特色的产业集群，搭建"文化创意＋数字科技＋广告集聚"交流互联的公共服务平台，连接起各方创意与资源。建设完成后，这里将有高度聚集的数字创意产业，还会有多家品牌首店、文化消费等多元化新业态，与罗湖区"一馆一中心"强强联动，打造城市年轻力的新空间，提升区域经济与文化活力。同时，还将搭建"大湾区数字创意公共服务平台"，XR、AR 虚拟数字影棚将拔地而起，影视动漫、数字视效、创意设计、虚拟现实、游戏电竞产业未来可期。

生鲜汇聚的"海味宝藏库"。在罗芳路的尽头，坐落着深圳市经营品种最齐全、交易规模最大的水产品批发市场——罗芳水产市场，供应着深圳、香港、惠州、东莞等城市。在这里，不仅能买到世界各地甄选的澳鲍、阿拉斯加蟹、泰国虾蛄、加拿大象拔蚌等珍贵海鲜，还有国内各大渔港精选的石斑鱼、鳗鱼、海胆、响螺等优质水产品。行走在市场中，在暖黄色的灯光下，各色各样的鱼、虾、蟹、贝在水箱中游动吐气，店员不时将活蹦乱跳的龙虾捞起来给客人验货，溅起一片水花。在市场旁有几家海鲜烧烤夜宵店，鲜活的海鲜从水里到餐桌上，用时不超过 20 分钟，每一口都是最原汁原味的享受。老饕们喜欢清蒸海鲜，以最原始的烹饪方法保留海鲜本身的鲜甜和口感；年轻人偏爱烧烤，烤至焦黄外壳的鳗鱼让人吃上一口就满足；养

黄贝城景图

生的人则倾心混合了鱼虾贝精华的海鲜粥和白米粥，味道香醇而浓郁。

春潮涌动，产业如舟，蓄势待发。站在新的起点，汇聚八方烟火，让深港交响乐谱得更动听，让特色街区面貌变得更鲜活，一个新的黄贝正在冉冉升起。

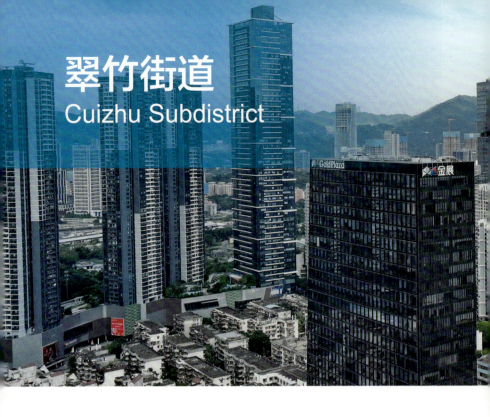

翠竹街道
Cuizhu Subdistrict

"下一站，翠竹。"摊开地图就会发现，翠竹街道地处罗湖的中部，是连接罗湖各处的"枢纽"。如果说，翠竹街道是罗湖区的"心脏"，那贯穿其中的翠竹路就是"主动脉"，水贝则是镶嵌于这条主动脉上的"璀璨明珠"。一条翠竹路，串联起熙熙攘攘的都市繁华，见证着城市发展的历史变迁。这里是全球黄金珠宝产业高地，是日均客流超8万人次的消费旺地，是经济与文化相融的人文宝地，是老罗湖风情扑面而来的怀旧胜地，是有着"最小半径"理想生活圈的宜居福地……城区脉动处，一座熠熠闪光的"珠宝之

城"正在崛起；平静生活里，医院、学校、公园，都
恰到好处地浸润在这片宜人的"翠竹"之中。

　　翠竹街道办事处成立于 1984 年 1 月，是罗湖区
较早成立的 6 个街道之一，位于深圳市中部、罗湖区
中心，辖区面积约 3.45 平方千米，东起东晓路和爱
国路，南至爱国路与文锦路交界处，西至文锦路，北
至布心路。目前常住人口约 14 万人，其中户籍人口
约 8 万人，人口密度为 4.06 万人 / 平方千米。街道下
辖翠达、木头龙、新村、水贝、翠岭、翠平、愉天、
翠竹、民新、翠宁共 10 个社区。

走向世界的中国"宝都"

翠竹街道

翠竹街道位置示意图

产业高地：一座正在崛起的中国"宝都"

　　"因水得财，因贝而富"——水贝，一个名字中自带"珠光宝气"的地方，其历史最早可追溯至明朝永乐八年（1410 年），最初名为"水背村"，意为建立在水塘之后的村庄，当地人后来逐渐将"背"简写为"贝"，其后 600 多年的时间里，这个简写"贝"字无意中成为一个发展预言。水贝素有中国"宝都"之称，如今，水贝的街头，高楼林立，一切都好似与珠宝有关，就连社区街角也似乎闪烁着珠光宝气。

小小的水贝，如何成为中国的"宝都"？ 街头走一走，就能找得到答案。塑料袋装黄金、拖车拖银条，甚至拖着行李箱来买黄金珠宝的场景在水贝早已见怪不怪，商家柜台前更是挤满了前来选购金饰珠宝的人……水贝的发展要从 20 世纪 80 年代讲起，因临近罗湖口岸，水贝吸引了不少香港企业，尤其是加工企业、"三来一补"① 加工工厂相继入驻。1998 年之后，得益于国家实行"金银寄售"的优惠政策，以及国家对黄金珠宝管理的逐渐放开，水贝一带结合毗邻香港的地理环境优势，迅速形成承接中国香港、东南亚产业转移的巨大洼地效应，成为深圳金银珠宝产业的核心地带。在黄金价格较低的时候，水贝金饰因价廉物美而受到热捧。由于金价透明、实惠，商户们常常自喻为"黄金的搬运工"。在当时的深圳，"下班就逛水贝"成为年轻人新的娱乐活动，"买黄金都是按斤买"这个持续热搜的话题也足以见得水贝"淘金"的火热程度。

水贝并非贵金属原料产地，怎么处处是"淘金客"的身影？答案就藏在水贝完整的产业链条中。集聚的行业布局让这里的黄金珠宝产品相较于同行可以说是价廉物美，也让水贝一举成为中国黄金消费产业的"源头工厂"。以一款精致的黄金项链为例，

---

① "三来一补"，即来料加工、来样加工、来件装配和补偿贸易。

水贝商圈远眺图

水贝老照片（现京基水贝村位置）

在珠宝大师的精巧设计后，黄金原料历经高温熔炼、精
细铸型，踏上了一段工艺繁复的旅程。工匠们犹如技艺
精湛的微雕艺术家，手持小巧的镊子，那专注的神情仿
佛在雕琢世间最珍贵的宝物，他们的匠心成就了这款光
彩夺目、闪耀着独特魅力的黄金饰品。从原材料到精美
成品，一条完整的生产线恰似一场精彩绝伦的艺术演绎。
可以说，黄金珠宝生产加工的任何环节，都能在这里找
到剪影。

"中国珠宝看深圳，深圳珠宝看水贝。"作为全国规模最大、发展水平最高、产业链最完整的黄金珠宝集聚区，水贝已成为当之无愧的中国"宝都"。从一系列数字，可以更清晰窥见罗湖水贝在中国当之无愧的重磅地位。近年来，罗湖区黄金珠宝产业法人企业有近8000个，拥有专业市场超20个，密密麻麻地汇聚于此，相互交织、碰撞；从业人员超6.3万人，其中技艺精湛的珠宝工匠，用他们的智慧与汗水，精心雕琢着水贝的辉煌，营业收入超1200亿元。据业内估计，水贝黄金珠宝批发份额约占国内黄金珠宝批发市场份额的50%，占据半壁江山；黄金实物用量约占上海黄金交易所实物交割量的70%，钻石实物用量约占上海钻石交易所进口额的80%。

从中国到世界，水贝加速崛起进行时。水贝是品牌汇聚的珠宝基地，这里聚集着周大生、周六福、翠绿首饰、意大隆、星光达、瑞麒、吉盟等近50个自主珠宝品牌，21个"中国驰名商标"，23个"中国名牌"。水贝最为瞩目的珠宝企业莫过于始创于1999年的周大生。周大生传承和发扬深厚的黄金珠宝文化，连续多年获得"中国500强最具价值品牌"荣誉，品牌价值逐年上升，已位居内地珠宝品牌第一，中国轻工业第二，品牌价值突破千亿元。而在深圳这个时尚之都，大家对水贝的青睐也有增无减。水贝时尚设计总部经济集聚区已被纳入全市40个总部经济集聚区榜单，水贝将逐步打造成为具有全球影响力的黄金珠宝商贸中心、黄金金融创新中心、黄金珠宝品牌总部基地。

水贝的文化自信在诸多技艺传承者的奋斗征程中熠熠生辉。出身工匠世家的吴峰华毅然辞去大学讲师的安稳工作，怀揣着对黄金珠宝设计的炽热梦想，在深圳创立了TTF高级珠宝品牌。凭借独特的设计理念与卓越的工艺品质，TTF成为首个入驻法国高级珠宝聚集地巴黎旺多姆广场的中国珠宝品牌。而另一位传奇人物——非物质文化遗产代表性传承人、百年银楼"庆美银楼"的第七代传人熊福章，受欧洲意大利、捷克、匈牙利三国的诚挚邀请，以炉火纯青的技艺展现了中国非遗的独特魅力，获得了国际赞誉。庆美银楼的"富贵牡丹"银壶以其精美的工艺和深厚的文化内涵，成功俘获了泰国王室的心，成为其御用定制茶具。

金包银银茶壶"富贵牡丹"（熊福章作品）

消费旺地：全国最大珠宝商圈广迎八方宾客

作为深圳经济特区的商贸旺区，翠竹街道不仅承载着深圳改革开放的辉煌历史，更是现代都市发展的缩影。这里，商贸繁荣与文化旅游相得益彰，展现出深圳独有的城市魅力。优越的地理位置和开放的经济政策，吸引了众多国内外企业和商家入驻，形成了一个多元化的商业生态。从高端购物中心到特色市集，从国际品牌旗舰店到本土创意工坊，这里应有尽有，满足了不同消费者的需求。

"水贝七子"联通"地下珠宝宫殿"，全国最大珠宝市场热闹非凡。作为全国最大的黄金珠宝交易中心，水贝特力吉盟黄金

特力水贝设计师文创馆作品

首饰产业园仿佛一片浩渺无垠的"珠宝海洋"。产业园内，7座大厦巍然屹立，特力珠宝大厦、特力金钻大厦、水贝国际中心、水贝壹号、水贝金座、水贝银座、兴龙黄金珠宝大厦组成"水贝七子"。有别于普通产业园区分布式的设计理念，这7座大厦的负一楼被巧妙地连通在一起，行走其间，让人仿佛置身巨大的"珠宝宫殿"，令人叹为观止。2021年，伴随着水贝金座地下一层西区正式开业，水贝特力吉盟黄金首饰产业园正式实现全方位互联互通，面积超3.6万平方米，全国最大的黄金珠宝交易中心就此诞生。水贝特力吉盟黄金首饰产业园负一楼集聚1000多家法人企业，日均客流量超8万人次，而到了节假日，更是人潮汹涌，热闹非凡，来自五湖四海的珠宝商客、爱好者以及游客们，纷纷涌入这片繁华之地。

直播带货"华丽转身"，掀起线上消费热潮。上万元乃至数十万元的翡翠，一上架就"秒无"；主播手中的珠宝还没放下，观众已经在"催更"下一件……别怀疑，这已经是黄金珠宝行业直播间的日常。丰富商圈业态，正是水贝产业转型升级的另一条赛道。近年来，直播带货热潮席卷全国，水贝的黄金珠宝销售也借此东风扶摇直上。2024年水贝电商直播季，各路直播好手云集，有短时间商品交易总额最高达240万元的"金成"，有在行业内声

正在直播的水贝黄金珠宝主播

名鹊起的"珊珊"，有为新中式美学珠宝代言的"泉灵"，有每个细节都精心做到极致的"小云"，有传承古典珠宝制作技艺与文化的"明媚"。负责大型珠宝官方旗舰店直播的"小孺"也是这些直播好手中的一员，她每天准时开播，用活泼的语调，向镜头前的网友们推介商家主推的珠宝产品、当季热销的珠宝款式等"当家好货"，广受消费者追捧。水贝万山直播基地、深圳水贝抖音电商直播基地，抖音、淘宝、视频号、支付宝等直播平台在营销变革浪潮中应时而生，水贝别具一格的直播文化也逐渐形成。直播电商经济的发展为水贝珠宝产业赋能，让水贝黄金珠宝站上电商直播的"风口"，擦亮"中国宝都"产业名片。

"你买我检"保驾护航，让消费者放心买单。 即便金价走高，水贝的黄金柜台前依然人头攒动，珠宝首饰璀璨夺目，议价声此起彼伏，一派热闹景象。为什么都爱来水贝买黄金珠宝？"2023年是代购最火的时候，抖音、小红书等平台上都是水贝代购，而且客源还不少。"游走在水贝的代购谈道。区别于其他地方的珠宝首饰店铺，水贝是批发源头，加上这里形成了产业集聚，货品款式多，工费价格也有优势，所以很多人宁愿花点钱找代购也要在水贝购买黄金珠宝。除了5G黄金这样的新技术、新工艺让人大开眼界外，价格透明、性价比高、货真价实也成为大家来水贝买黄金珠宝的重要原因。水贝珠宝园区货源品质有保障，园区自带检验台，来到位于水贝万山的深圳市国检珠宝检测检验中心，向工作人员提交检验订单后，只需要等待一小时，就能拿到检验结果，消费者"即检即走"，便利又安心。除了商家与产业园区的努力外，政府也在积极为这片产业园区"搭台"，多方联动"唱好这台戏"。2024年，"你买我检"模块上线"一码当先"罗湖区放心消费商圈快速服务平台，消费者购买珠宝产品后可在线上预约检测服务，线上查看检测结果。

启艺术光华，畅享文化消费新殿堂。 在珠宝消费的热潮中，人们往往热衷于购买各类璀璨的珠宝饰品，以

顾客在水贝挑选试戴首饰

装点生活、彰显品味。然而，有一处地方，它不仅仅是珠宝消费的场所，更是一座能让你深度领略珠宝魅力的艺术殿堂——深圳珠宝博物馆。深圳珠宝博物馆位于繁华的金展珠宝广场，是全国第一家以珠宝为专题的公共博物馆。馆内常设自然之宝、物佩之美、设计之光、深圳之路、湾区之梦等五大展区。在这里，人们得以一睹珠宝界的"五皇一后"——钻石、祖母绿、红宝石、蓝宝石、金绿宝石和珍珠的璀璨风华，亦可欣赏到历经2000多年的錾刻工艺传承、细致入微的金雕艺术品。此外，珠宝体验区给市民游客提供近距离接触和体验珠宝的机会，VR技术让观众身临其境地感受珠宝的历史文化和制作工艺，珠宝历史展给大家呈

深圳珠宝博物馆藏品"花样年华"项链和"斑斓之夏"胸针

现珠宝在人类历史长河中的演变历程，珠宝商家平台为大众展示众多知名珠宝品牌的最新产品和设计理念。

怀旧胜地："旧时光"里的老罗湖风情扑面而来

不惑之年的翠竹，见证了深圳从一个边陲小镇发展成为国际化大都市的历程，承载着无数老深圳人的记忆与情感。在翠竹的街头走一走，仿佛穿越时空隧道，又回到了那个繁华与宁静交织的年代。街头巷尾时刻上演的"回忆杀"，诉说着关于青春、梦想与奋斗的故事，带你品味城市变迁与文化魅力。

全国第一家深港合资宾馆——竹园宾馆。1979 年，深圳市饮食服务公司与香港妙丽集团共同投资兴建全国第一家深港合资宾馆。两年后，竹园宾馆建成营业，宛如时代的先锋。它不仅是深圳经济特区建立后港资在深圳的第一个投资项目，而且率先打破了传统的"铁饭碗"用工模式，实行了劳动用工合同制，这在当时的内地是前所未有的。竹园宾馆的改革举措极大地激发了员工的工作积极性，员工告别了过去的安逸与束缚，迎来了充满机遇与挑战的全新工作模式，此举提高了宾馆的服务水平和经营效益，为深圳市乃至全国劳动用工制度和工资制度的改革提供了有

竹园宾馆

益的探索和经验，在改革历史上镌刻下了浓墨重彩的一笔。两年后，深圳根据竹园宾馆的经验出台了《深圳市实行劳动合同制暂行办法》，成为内地第一个实行劳动用工合同制的城市，而竹园宾馆也因此在改革开放的历程中留下了深刻印记。

内地商品房和物业管理的"原点"——东湖丽苑。东湖丽苑项目始于 1979 年，深圳建市之初，市房管局接到来自中央的任务——给前来深圳支援的干部建宿舍，包括市政府机关人员和市属企业职工的住房。要建楼，钱从哪里来？ 1979 年，对土地采取的是高度严格的计划管制，土地并不具备商品属性，然而当时与深圳仅一河之隔的香港楼市却十分繁荣。东湖丽苑率先探索以"贸易补偿"的特殊方式与港商合作，即深圳市政府出让土地使用权、港商提供盖楼所需资金并负责销售，所得利润由深圳、港商各占 85%、15% 的比例进行分配。这次合作，开创了内地土地有偿使用的先河，展现了深圳经济特区"敢为天下先"的勇气。东湖丽苑也被誉为"物业管理第一村"，其物业管理处于 1981 年 9 月开始运作，标志着中国物业管理行业的诞生，对后续全国物业管理的发展产生深远影响。

老深圳人的"集体回忆"——爱国路花市。延续了数十年的花市传统，让爱国路花市与深圳人的年味紧密

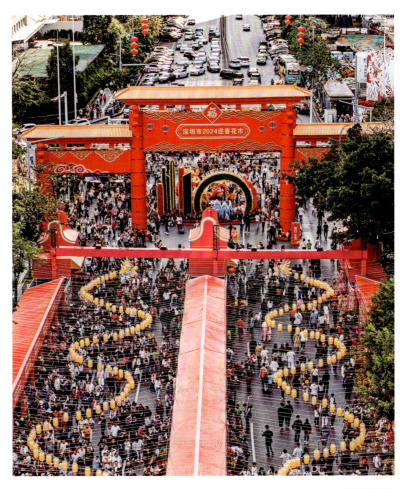

爱国路花市

相连。过年逛花市，作为一种仪式感，已经成为深圳人共同的春
节记忆。花市在深圳各地开花的时代，为什么一定要来爱国路？
有人说，不在爱国路的花市没有灵魂。有人说，爱国路花市已经
成为众多来深建设者心目中年俗一般的存在，不来这儿，"深圳

年"不完整！作为深圳迎春花市的象征，爱国路花市自1998年起便成为每年花市的固定举办地，见证了无数深圳人的成长与欢聚。作为深圳的一个重要文旅IP，爱国路花市每年都能吸引大量市民和游客前来参观和购物。龙形灯笼、岭南特色门头铺位、千米花街……独属于深圳人的年味扑面而来。爱国路花市不仅汇聚了各种花卉和年货，还融入了国际元素和地方特色。近年来，花市更是一场盛大的派对，本土珠宝品牌散发着独具匠心的华彩，餐饮界的"顶流"更是以诱人的美味佳肴撩拨着人们的味蕾，为市民提供多元消费体验。对于许多深圳人来说，爱国路花市不仅仅是一个购买花卉和年货的地方，更是一个承载着年味、希望和烟火气的情感记忆安放处。

宜居福地：在品质街区遇见"向往的生活"

有人说，翠竹街道是一个"宜居的地方"。改革开放不久后，这里就成了最早的"城市后花园"，深圳两家老牌星级酒店、翠竹山的葱葱竹林、深圳第一家有住院部的医院、老牌名校……纵向贯穿整个街区的翠竹路，珍藏了无数老深圳人关于"生活"的记忆。从呱呱坠地到耄耋之年，在翠竹，便捷、优质、普惠的民生服务串起生活"最小半径"里稳稳的幸福。

深圳市人民医院——全市首家有住院部的医院。街道辖区内有 4 家市属公立医院（占全市 16 家市属医院的 1/4），以及星罗棋布地分布着 7 家社康中心，共同编织起一张守护健康的医疗网络。1980 年深圳被批准建立经济特区时，全市只有市人民医院设有住院部，市民便亲切地以"留医部"代指市人民医院，并习惯性地沿用至今。时至今日，"留医部"附近始终是人来人往，公交车站依旧保留着"留医部"的称呼，仿佛在诉说着往昔的记忆。对深圳人来说，"留医部"是一个地理名词，更是一种精神

深圳市人民医院

标记。始建于 1946 年的深圳市人民医院，以其深厚的历史底蕴和强大的医疗实力，为患者提供全面、优质、高效的医疗服务，医院还规划配建社区健康服务中心、老年人日间照料中心等公共卫生设施，打造"医养融合"的服务空间，提升医疗卫生资源供给，为市民提供高水平的医疗服务，不断提高居民群众的幸福感和归属感。

翠竹社康中心——深圳综合性最强"社康航母"，提供"全生命周期"健康管理。翠竹社康中心位于罗湖区贝丽南路 4 号国检珠宝大厦 1—4 楼，总面积约 9860 平方米，为居民提供全生命周期的服务项目。在这座社康"航母"里，一楼全科诊疗区有全科医生的专职守护，二楼健康管理区有各种先进的医疗设备随时对身体进行"大扫除"，三楼预防保健区有专业科室应对身体健康"小状况"，四楼中医康复理疗区为患者带来身心"双重疗愈"。还有科技感十足的智能疫苗接种管理门诊、贴心的家庭医生签约服务……翠竹社康中心像一个健康"全能小宇宙"，从幼儿园入托入园体检、学生体检、健康体检，到老年人痴呆筛查、女性肺癌和"两癌"筛查、65 岁长者健康体检服务等，这个邻里间的宝藏社康中心全面保驾护航，为居民健康提供坚实的后盾。

罗湖区托育综合服务中心——全市首家托育综合服务中心，解锁带娃"新姿势"。在罗湖区贝丽南路 29 号柏丽花园，坐落着面积 4038 平方米的罗湖区托育综合服务中心，由罗湖医院集团（罗湖区妇幼保健院）运营，设施完善，功能齐全。走进服务中心，内部装饰童趣满满，仿佛踏入了一个梦幻的童话国度。乳儿班（6—12 月龄）内，特制小床柔软舒适，护理人员温柔呵护着宝宝；托小班（12—24 月龄）活动区内的小朋友们，在专业人员的引导下初识世界；托大班（24—36 月龄）活动空间宽敞，孩子们玩得不亦乐乎。托育服务可提供约 100 个托位，含全日托、半日托、计时托和临时托等服务，依托区妇幼保健院专业医疗团队，提供婴幼儿照护、科学育儿指导、婴幼儿生长发育管理、从业人员培训等服务，全力打造全市"医育融合"托育服务示范点，守护孩子们茁壮成长。

深圳中学初中部——深圳教育的闪亮名片。漫步于翠竹街头，不用几个转角，便能看到学校，辖区内共有 3 所中学、6 所小学、15 所幼儿园，编织起一张呵护学子成长的教育保障网。在这片教育沃土上，还孕育了一所以深圳这座城市命名的中学——深圳中学初中部。时光缓缓回溯到 1985 年，当时学校的前身为洪湖中学，是罗湖区一所普通的完全中学。后来，洪湖中学与深圳中学合并，成为深圳中学初中部，开启新的篇章。而今，深圳中学初中部高级教师云集，点亮一代又一代学子的求学之路；绿色花园式生态校园"宜学习、宜放松"，在校园的角落，几处静谧的花园，摆放着造型别致的长椅，周围簇拥着各种珍稀的植物和花卉，为师生提供优越的学习和生活环境。深圳中学初中部正以前所未有的速度蓬勃发展，为深圳乃至全国输送一批又一批具有创新精神和实践能力的优秀人才。作为深圳教育的窗口和文化名片，深圳中学以其严谨的治学态度和卓越的师资力量，在全市乃至全国范围内享有盛誉。

"水贝夜校"——家门口的"能量超充站"。白天上班，晚上学艺！在这座璀璨的珠宝之城，"走，上夜校去！"这句邀约，正在水贝珠宝人中悄然盛行。当夜幕降临，华灯初上，不同背景的珠宝迷齐聚水贝社区党群服务中心"水贝夜校"，学习使用 AI 技术，交流探讨珠宝知识。水贝夜校教师团队阵容豪华，汇聚了"罗湖工匠""罗湖匠师"等业界翘楚，更有中国地质大学的资深教授及各专业领域的专家学者加盟。因其课程内容紧贴时代发展，特别注重人工智能技术的学习，又被称为"AI 夜校"。从 AI 视频剪辑到 AI 办公技能提升，从 AI 珠宝设计到直播技巧，再到珠宝鉴定和手工编绳，这些课程不仅丰富多样，而且实用，如同一场场知识与技能的盛宴，深受广大学员的热烈追捧与衷心喜爱。很多居民在夜校课程报名链接发出之前就蹲着抢名额，报名通道一经开放，几乎全部被"秒抢"。水贝夜校致力于探索"培训+就业"闭环服务模式，精心搭建了"工匠文化体验实训中心""产教融合平台""创业就业服务平台"。在这里，居民不仅可以长本事，还可以找工作，足不出"校"就可以实现物

水贝夜校开展的手工编绳课程

质与精神双丰收，水贝夜校也由此成为家门口的"能量超充站"。

　　作为深圳这座现代化都市的"璀璨明珠"，翠竹见证了深圳经济特区40余年来的惊人发展变革。在这里，可以感受经济发展的激情与活力，触摸中国珠宝产业的脉搏和温度；也能漫步街头巷尾，享受品质生活的便利与美好。浓淡相宜，这就是翠竹，在繁华与宁静之间，以珠宝之名，演绎时代的辉煌，也以其独特的魅力，成为宜居宜业的诗意栖居之地。

东门街道
Dongmen Subdistrict

东门是扇什么"门"？它经过了数百年的商贾集市和文化历史积淀，亲历了革命年代的峥嵘岁月，见证着改革开放的日新月异，承载着深圳厚重的历史印记，在沉浮变幻的时光长河里珍藏着"深圳的根"。沐浴了3个世纪的风风雨雨，东门从石板古路走进现代化的商业文明，在这里，"老字号"与"新潮流"荟萃，中外游客、坊间市井纷纷流传着"不到东门，等于没到过深圳"之说。来东门吧！推开红色历史厚重之门，走进深圳商业发源之门，奔赴深港交流融合之门，叩响润物育人文化传承之门，通往生活宜居幸福之门。

东门，开门纳四海宾朋，迎八方来客。

东门街道是深圳市最早设立的街道办事处，其前身是成立于 1979 年 10 月的人民路街道办事处，1983 年 12 月更名为蛟湖路街道办事处。1999 年 10 月 1 日，东门商业步行街正式开市，同年 12 月定名为东门街道办事处并沿用至今。街道面积约 2.1 平方千米，东起文锦中路，相连黄贝街道，西至建设路和人民公园，紧邻桂园街道，南缘深南东路，毗邻南湖街道，北沿笋岗路，近望笋岗街道。下辖东门、立新、花场、螺岭、湖容、城东、湖贝 7 个社区，目前常住人口约 8.27 万人，户籍人口约 2.6 万人。

穿越百年古墟
走进中国商业开放第一街

东门街道

东门街道位置示意图

红色历史厚重之门：隐于闹市的"红色阵地"，传承百年革命精神

　　革命战争年代，东门与时代脉搏紧密相连，一个个红色故事在此发生。2020年底，东门社区被中共中央组织部确定为深圳市首个红色村。来东门老街，听专业讲解员娓娓道来，市民游客在行走间感受红色文化跨越时空的魅力。

红色阵地，赓续百年初心——思月书院。在东门闹市之中，有一处白墙灰瓦的小院——思月书院。思月书院始建于清康熙年间，有 300 余年历史，曾是水贝、湖贝、向西三村张氏族人的私塾，"寓学于民而惠于民"是古老思月书院的一贯宗旨。1925 年 6 月 19 日，为了支援上海人民发起的五卅运动，广州和香港爆发了规模宏大的省港大罢工。香港海员、电车、印务等工会率先发动罢工，随后，各行各业参与其中，约有 25 万香港工人参加罢工。思月书院摇身一变，成为香港罢工工人接待站，这里设有车务科，专理工人免费车票。在思月书院，他们可以凭罢工凭证领

思月书院

取补给，并进行休整，再坐车前往广州或其他地方。每天从香港来深圳，再搭车上省的有千人。"至该处各商号及各乡农民多有备办茶粥，欢迎工友，尤以农民为踊跃云"，南塘等地的居民还把房子腾出来让工友暂住，全力支持这场反帝爱国运动。如今，这里开设展览，包含"省港大罢工的缘起""省港大罢工在深圳""省港大罢工的影响"三个单元，回顾这一事件的缘起、过程和影响，思月书院也成为党员红色教育阵地。

红色记忆，回望烽火岁月——鸿安酒家。叶挺与深圳，一个是近代史上的耀眼将星，一个是广九铁路线上的军事重镇，在抗日战争的转折时刻，陡然有了交集。1938 年底，东江地区日寇肆虐，抗战烽火正起，叶挺来到深圳这个边陲小镇，在深圳镇南庆街鸿安酒家组建东路守备区总指挥部，开展抗日活动。在这里，他收编整顿了流落各处的国民党散兵、地方武装团队，整合成为抗日武装力量，并动员港澳以及海外爱国青年回家乡投身抗日事业，鼓励广大侨胞在人力、物力和财力等各方面支援祖国。叶挺的到来，极大地鼓舞了东江地区的人民，并对深圳抗日武装力量的整合与建立产生了深远的影响。日寇在华南肆虐时期，叶挺将总指挥部设在了深圳镇的鸿安酒店，于是鸿安酒店成为当时领导深圳乃至东江地区抗日武装力量的中心。建立指挥部后，叶

东江游击队指挥部旧址

挺立刻开始抗敌斗争。王作尧在《东纵一叶：革命回忆录》中写道："他振臂一呼，富有革命传统的东江人民，必然会奋起响应，踊跃相随。"指挥部撤走后，鸿安酒家仍经常接待爱国志士和回乡抗日的港澳同胞。老板娘何华益用旅店的部分收益资助抗日游击队的活动，堪称深圳版"阿庆嫂"。如今，这栋红白相间的民国建筑已成为东江游击队指挥部旧址，馆中开设"叶挺将军与深圳"展览，包含"北伐名将 抗战报国""临危受命 深圳树旗""抗战到底 影响深远"三个单元，展示了百余幅历史图片及若干历史文物复制件，生动再现了叶挺与深圳的不解之缘。

百年老榕，历经东门沧桑——解放榕。疾驰的火车带走古老的记忆，解放路旁的百年榕树，盘枝虬结，在车流中静默耸立，它见证了东门的昨天与今天。1949年10月19日，中共宝安深圳军事管制委员会主任刘汝琛，率东宝税务处主任蓝杰、宝安县公安局局长刘鸣周、深圳镇警察所所长蔡达、军管会秘书曾伯豪等接管人员160余人，以人民警察的名义，从布吉乘火车抵达深圳。深圳工人、农民、学生和工商界人士上千人，在此欢呼雀跃，热烈欢迎人民解放军入城。深圳墟升起了五星红旗，深圳和平解放。当日下午，深圳镇解放后的首任镇长陈虹、副镇长庄泽民带领50多名人民解放军，接收了国民党的地方政权——深圳镇公所。在鞭炮声和欢呼声中，陈虹把"深圳镇人民政府"的牌子庄严地挂在深圳当铺"共和押"前门。

解放榕

大榕树下，解放军战士与民众欢聚一堂。那一刻，不仅是一座城的解放，更是人心的回归与希望的重生。如今，解放榕已成为东门一景，吸引不少市民游客前往"打卡"。

红色地标，传承红色基因——东门红色记忆馆。东门红色记忆馆位于东门社区党群服务中心二楼，静静地矗立在解放榕的对面。馆前，融合中国古典与现代风格的设计，与那象征党的旗帜和革命火炬的红交相辉映，鲜艳夺目。步入其中，墙壁上的浮雕率先展示东门人民各个时期的奋斗场景，让人动容，五大篇章依时间脉络徐徐展开。"东门沧桑"里，泛黄影像中古老东门城墙斑驳，旧时身影穿梭巷陌；"红色风云"处，重现热血志士秘密集会，彰显先辈奋斗英姿；"在曲折中前进"呈现东门从残垣到

东门红色记忆馆

重建的艰辛历程；"东方风来满眼春"让东门改革开放后的新貌浮现眼前；"阔步迈进新时代"则彰显东门当下的繁荣。群众在红色记忆馆参观，或凝视，或交流，借由历史与科技的交融，沉浸式感受东门的红色过往，传承爱国情怀，接受深刻的红色精神洗礼。

深圳商业发源之门：从青春记忆到直播基地，深圳根与时代潮碰撞融合

东门，既是深圳商业的发源地，承载着300多年沉甸甸的历史文化积淀，见证着商业发展的脉络，又在时代浪潮的推动下不断蜕变，以新潮业态解锁引流聚客的"新密码"，成为标志性商圈。如今，东门更是凭借全新的特色，化身"化流量为留量"的网红直播基地，受到市民的广泛关注。

历史中的东门——深圳商业的发源地。早在明代中期，罗湖一带相近村落聚集贸易、互通有无，深圳墟逐渐形成，到明朝后期，深圳墟（今东门一带）成为新安县的繁华墟市。清康熙二十七年（1688年），新安县知县靳文谟修成《新安县志》，是现存最早的一部完整的深圳地区地方志。随着广九铁路建成通车，经由罗湖往来广州与香港两地的人员骤增，物流也日益繁忙，深圳

1688 年靳文谟修成《新安县志》

墟成为香港和宝惠东地区的洋货与土产交易集散地，商业迅速发展。至抗战爆发前，深圳墟有大小店铺 500 余家，商业繁盛，不仅为"一邑之冠"，且有"省佛陈龙圳"（广州、佛山、陈村、石龙、深圳）之称。20 世纪 80 年代末，东门已发展成店铺林立、购销两旺的商业旺区，呈现出追求时尚品位、引领商业潮流的鲜明时代特色，被誉为"深圳商业的发源地"。

热潮中的东门——新潮业态解锁引流聚客"新密码"。1999 年 10 月 1 日，改造完成后的东门商业步行街盛大开市，东门步行街蜕变成集商贸、购物、游乐、居住、办公于一体的标志性商圈，是深圳规模最大、商铺最集中、商品经营种类最齐全的商业街区。踏入东门步行街，一幅热闹非凡的都市画卷便在眼前徐徐展开，放眼望去，街道两旁店铺林立，各类招牌鳞次栉比。时尚服装店的橱窗里，模特身着多彩服饰优雅时尚，掩映的玻璃门里淌出清浅的慢歌。美妆店门口，大幅的明星代言海报引人注目，店内顾客来来往往。小吃店更是散发出诱人的香气，那滋滋冒油的烤串、热气腾腾的云吞面、甜香软糯的糕点，让路过的人都垂涎欲滴。在消费需求日新月异的今天，深圳的商圈如雨后春笋般冒出，但是东门在深圳人心中的地位屹立不倒。这里承载着几代人的成长记忆，流传的"逛街就到东门来"说法，让东门老街成为深圳人的青春记忆。如今，百年老街凭借独特的历史底蕴与现代潮流完美融合的特质，焕发蓬勃新生的魅力，成为年轻人争相"打卡"的热门地点。知名品牌旗舰店、潮牌买手店林立，风格多样，新潮时尚和古朴雅致在这里碰撞，是"City walk"的好去处。来到东门，还可以前往信和广场2楼的全境方舟电玩城，一个充满活力与乐趣的娱乐胜地，汇集各类新颖且经典的游戏机设备，各年龄阶段玩家的游戏需求都能在这里被满足；可以欣赏信和广场3楼"韩礼臣穿越深圳"裸眼8D飞跃剧场节

老东门商城

目，这里有包裹式环幕以及天地幕，结合青龙、张家界、长城等
一众中国元素，体验模拟飞行、失重、穿梭等；可以参加潮玩东
门电竞"新白马杯"美食嘉年华，感受电竞主题搬入市集中的独
特魅力，电竞舞台被绚丽的灯光环绕，赛场周边，美食摊位散发
着诱人的香气；可以领略"活力东门 MUSIC 益企"爱才惠企音
乐会，在熙熙攘攘的商场内忽然传来动听的音乐，大小提琴的优
美旋律在空气中婉转悠扬，古筝的声音清脆悦耳，如潺潺流水般
沁人心脾。

镜头中的东门——"化流量为留量"的网红直播基地。"东
门大舞台，有才你就来。"2023 年起，东门因为一个全新的关

键词——直播，受到市民的广泛关注。起初，一位名为"爆爆"的女主播，长发披肩、身穿黑色毛衣与牛仔裤，怀着忐忑与期待踏入东门步行街，望着路上熙熙攘攘的人群，开始了户外直播，通过极富感染力的劲歌热舞表演，吸引群众驻足观看，不久后粉丝量就由20多万涨至100多万。渐渐地，各大头部主播纷纷进驻东门直播，吸引了大量路人，步行街网红直播形成聚集效应。要想来东门老街看直播现场，可以从人流络绎不绝的解放西广场这一"网红直播一条街"的起点开始。从广场向前走，便会看到各式各样的直播形式，他们有的是团队作战，用灯光、支架等设备围拢出一个专属范围，定点直播；有的独立作战，只需一部手机，一个支架，就能"支棱"起一场直播；有的是边走边播，从美食探店到穿搭展示，从才艺表演到街头互动，主播们在灯光与镜头前开启一天的直播大秀。在大V们的带动之下，"直播""网红"为东门贴上了新的标签。面对汹涌的直播热潮，为接住"泼天富贵"，东门在"开放包容、审慎监管"的答卷上，写下了自己的答案，在东门商圈开辟出东门步行街文化广场、东门步行街西广场2个固定直播区域。主播们可以在"东门步行街直播报备平台"小程序上，一键预约直播场地。新春网络主播大赛、民谣东门音乐会等活动人气火爆，周边商户在直播的带动下赚足流量，实现钱财兴旺。东门商圈党群服务中心还为主播们提供休憩歇脚、化妆充电等暖心服务点。东门直播的"火而有序"，为传统商圈带来全新的机遇，也为老街带来新的流量和活力。

未来，东门紧拥"深圳记忆、烟火聚场"愿景，化身创意温床，孵育本土特色消费品牌，又似革新巧匠，雕琢新颖消费业态场景，科技与时尚共舞，文化同潮流交融。东门将笃定踏上全面优化升级之路，那些深圳人熟悉的东港中心、大世界广场、太阳百货广场、东门鞋城广场、中威广场、金世界广场等都将以新面貌重新出发。

深港交流融合之门：中国商业开放第一街，港客消费核心圈

香港与深圳在历史发展进程中联系紧密，形成了诸多独具特色的互动与交融场景。交通上的便捷联通，饮食文化方面的呼应，都展现着香港与深圳之间丰富多样的交流与互动。

香港人的"一小时生活圈"。1911 年通车的广九铁路，是第一条连接香港与内地的铁路。广九铁路在今东门一带设立了"深圳墟场"站，极大便利了粤港物资运输，东门成为当时宝安县的经济活动中心。在改革开放初期，东门老街就吸引了大量的港人和港资企业前来争相购置商业物业、开设内地首店，商业氛围浓

厚，被称为"中国商业开放第一街"。近年来，随着港客北上消费热潮持续升温，东门步行街能一站式满足港客"吃喝玩游乐购"消费需求，港客到访量在全市名列前茅，节假日高峰期日均客流量超 30 万人次，其中港客就有 10 万人以上。机智的东门老板选择将店铺命名为"旺角""九龙城""庙街"，击中了香港人心底的"港味"情怀。

东门还推出一系列深港融合促创业计划，粤港澳青年怀揣梦想，集体来东门进行创业试水。2020 年起，东门街道联合深圳商报拍摄《人在东门》系列短片，让在这里居住、工作、生活的老百姓成为主角，其中包括奔波于东门、香港两地的香港创业青年。镜头下的他们，是数万名在东门奋斗的从业者的缩影，构成一组组极具有烟火味和人文气息的东门脸谱。《港人深漂》讲述来自香港的刘深炜在深圳漂泊了 18 年的故事，2019 年 11 月，他和小伙伴们创业，在东门开了一家"北欧时光"面包店，生意红火，没想到突如其来的疫情，让面包店生意急转而下，刘深炜遭遇沉重打击。在这段艰难的时期，刘深炜在"自救"中意外收获了来自东门的各种温情，他和太太由此决定今后就在东门安家。

内地第一家麦当劳，深港之间的"紧密交融"。一河之隔的香港，第一家麦当劳门店自 1975 年开张后便大

《人在东门》系列之《港人深漂》

受欢迎，"双层牛肉巨无霸，酱汁洋葱夹青瓜，芝士生菜加芝麻，人人食过笑哈哈"，连内地居民都能从香港影视剧了解到，只要6秒能读完这个口令即可获赠汽水一杯。麦当劳对进入中国内地充满渴望，经过长达5年的商业调查，最终将第一家门店选址定在深圳东门。深圳当时实行低税率政策，基础设施相对完善，人均收入较高 ①，加上东门老街距离香港很近，又有新开业的太阳百货、金光华等百货商场，人气非常旺，这些优势对麦当劳有非常大的吸引力。1990年10月8日，内地第一家麦当劳在东门开业，是当时内地唯一一家可以同时使用港币和人民币支付的麦当

---

① 1990年深圳职工人均月工资359元，比全国职工平均工资高1.1倍，个体工商户年收入3万元。

劳餐厅。开业前一个月，从香港调来的骨干力量对深圳麦当劳的10名见习经理、300名普通员工进行了各类培训。前台员工对着木块锯成的"牛肉饼"、用吸管剪成的"薯条"、纸张充当的"生菜"，对照备餐步骤反复练习。开业前三天，麦当劳将食材原料从香港运至东门光华楼储存。正式开业当天，经常出现在香港电视剧中的汉堡、薯条、奶昔等悉数亮相，前台员工制服也沿用港片《甜蜜蜜》里张曼玉穿的红白相间条纹制服。排队就餐的队伍从2楼延伸到1楼，又从1楼大堂延伸至广场外200米；餐厅20台收银机全部打开，12台收人民币、

内地第一家麦当劳

8 台收港币。很多人拿着 1000 元面值的港币，兴奋地说："要 10 个巨无霸！"东门麦当劳店创下了当时全球单店单天营业额与顾客光临数的最高纪录。

30 多年过去了，麦当劳如今已遍布中国的大江南北，但东门这家麦当劳依旧热度不减。麦当劳在东门的开设，不仅让深圳率先适应现代商品经济发展的高速度与快节奏，也为深圳加速深港融合，加快对外开放、引进外资创造了更好的投资环境。

乘口岸穿梭巴士，来一场特色商业街区的城市微旅行。 口岸穿梭巴士线自 2023 年春节期间开始运营，时值深港恢复通关、新春佳节来临之际，市民游客跟着双层的口岸穿梭巴士漫游东门，在天幕板全景天窗的车厢中畅享街景。用新春消费券、商圈代金券在"深圳老字号"赶集尝鲜，在步行街逛迎春花市，深度体验集逛、娱、食、购于一体的东门商圈。在闲暇的时光里，从香港过关坐上穿梭巴士，若是晴空万里，就赏云卷云舒；若是风雨来袭，就且听风吟。"春雨杏花急急落，车马春山慢慢行"，这是独属于巴士的浪漫。一张车票，带港人玩遍时尚潮流新东门。

润物育人文化传承之门：百年名校群英荟萃，以歌为媒传承经典

　　东门街道教育资源丰富，涵盖幼儿园、小学、初中、高中等各类学校，能让片区内的孩子享受高质量的教育。此外，戏院、博物馆也汇聚于此，全国街头架子鼓大赛、诗朗诵、创意街舞大赛等一个个有趣味、接地气的文化活动，让街区群众唱起来、舞起来、乐起来。数百年历史的老东门，正在新时代里焕发出"永不谢幕"的动人青春。

　　凤凰花开，桃李成蹊——深圳中学高中部。创办于1947年的深圳中学，其老校区校址正是在东门街道深中街18号。这所用深圳这座城市的名字命名的中学，以"追求卓越、敢为人先"为学校精神，它的发展和深圳这座现代化年轻城市紧密相连，也和中国改革开放的历史进程紧密相连。踏入深圳中学，便是踏入一座承载着岁月与梦想的教育殿堂，校区整体布局精巧紧凑，漫步其间，错落有致的教学楼、实验楼如老友般相互依偎，历经岁月沉淀，构成生动的画卷，历届学子也为校园注入了源源不断的活力与希望。1997年，广东改革开放的重要奠基人习仲勋同志为深圳中学题词，"教育结硕果桃李满天下"。在这里，深中"筑巢引凤""广纳贤才"，

引入顶尖名校毕业教师百余名，创建多元的课程体系，为深圳的教育改革开辟了广阔天地。凤凰花开77载，深圳中学在漫长的岁月里护送一代代学子御风长空，培养了如马化腾、陈一丹、刘若鹏等一批具有影响力的拔尖人才。如今，深圳中学人文荟萃，誉满四海，已成为深圳教育的重要窗口和文化名片，激励着后辈学子勇攀高峰。它如一座明亮的灯塔，彰显着深圳对教育的执着与热爱，赓续奋斗精神。

风雨113载，华园筑梦——深圳小学。始建于1911年的深圳小学，由深圳墟"雍睦堂"发展而来。雍睦堂作为张氏家族的祠堂，承载着家族的历史、文化和传统。在动荡的时期，当地张氏家族以自家祠堂"雍睦堂"为基础创办学校，几经风霜，硕果累累。它承载着文化育人的光芒，沐浴着改革春风，开创教育改革新路径。百余年来，深圳小学不断丰富办学内涵，重视文化引领，全面落实立德树人，写好"十年树人"的美好篇章。如今，它旧貌换新颜，昔日的古朴学堂，已经蜕变为现代化的教学大楼，焕然一新的校园景观，满载百十年历史沉淀，满载百十年树人硕果，成为深圳教育的闪耀品牌。

古韵今赏，歌声嘹亮——深圳戏院。沿着罗湖区新园路走过深圳迎宾馆和市工人文化宫，"深圳戏院"的标志映入眼帘。这家于1960年开业的戏院是深圳第一家文化艺术场馆，亦是深圳戏曲爱好者的聚集地，许多深圳人听曲看剧就来这里。遥想当时的盛况，戏院门口，人潮如涌，从四面八方赶来的观众早早地

发现另一个深圳

深圳78街「全景画像」（罗湖）　东门街道

070

深圳中学高中部

便排起了长队。它承载着几代深圳人的文化印记，见证了改革开放以来经济文化事业发展的全过程。它曾被周恩来总理点评为"新中国成立后第一家设有贵宾厅和空调的剧场"。深圳经济特区建立时第一份外商投资协议（与美国百事可乐公司签订）也是在深圳戏院"洽谈办"签署的。如今，到深圳戏院听曲看剧成为很多深圳市民的休闲默契之选，无论是传承经典的京剧、昆曲、豫剧、黄梅戏、川剧、民乐、皮影，还是新潮的话剧、舞台剧、跨界音乐会，在这里都能看到。1997 年重建开业后，深圳戏院又进行了多轮改造焕新，再拿着老照片去对标寻

深圳戏院上演的戏曲

找，已很难辨认旧时模样，但是当剧场灯光再次亮起，观众脚步纷纷，化妆间里香腮对镜、云鬓飘动，舞台上身姿摇曳、乐声清朗，尘封半个多世纪的文化记忆再次穿越时光款款而来。

活力之街，周周相见——民谣东门。在东门，民谣已化作生活的优美旋律，深深融入市民的日常节奏之中。活动以思月书院、步行街文化广场等为"根据地"，一周举办一场"民谣东门"专场音乐会。在这个包容的舞台上，深圳本土歌手、知名音乐人、乐队组合、民谣爱好者等众多不同类型的演唱者登台献唱，

民谣东门

借助民谣音乐的独特魅力，为东门增添浓厚的文化艺术氛围，进一步提升东门的文化软实力与独特吸引力，在商业繁荣之外更具文化底蕴与人文气息。在《海阔天空》里追忆往昔峥嵘岁月、在《灰色轨迹》中感受曾经的年少轻狂……在罗湖东门文化广场唱响经典！"从前现在过去了再不来，红红落叶长埋尘土内，开始终结总是没变改，天边的你漂泊白云外……"随着音乐响起，周五晚上的"东门PARTY时间"正式开启。舞台上专业歌手用柔韧通透的嗓音倾情演绎港风歌曲，让观众沉浸在深港经典音乐之中，不时也有观众跟唱，大家喝彩、聆听、记录着这场不期而遇的演出。当演出结束，舞台的灯光渐渐暗去，音乐的余韵依然在空气中萦绕不散，而观众似乎仍沉醉其中，久久不愿离去。

生活宜居幸福之门：烟火气带来归属感，慢生活品味老街史

东门自带童年滤镜，散发着独一无二的烟火气和人情味。居住东门，除了有底蕴深厚的百年名校，还有八方荟萃的特色美食，以及绿意葱茏的锦绣山水。闹市绿洲，赏花遛娃，好不惬意。

月季名园，赏花胜地——深圳人民公园。公园始

建于 1983 年，位于罗湖闹市区，与东门步行街仅一街之隔，是繁华都市中难得的一处留白。园内山水相连，湖泊纵横，湖岸蜿蜒曲折，似灵动的画笔肆意挥洒，精心布置的热带植物景观，更是将这方天地的独特韵味展现得淋漓尽致，令人陶醉。自 1999 年起园内每年举办春节月季展，充分展示月季花的姿、形、色、香、韵。中央岛月季园宛如一座缤纷绚烂的月季王国，300 多个品种的月季肆意绽放，似是一场盛大无比的花卉狂欢盛宴。放眼望去，五彩斑斓的月季花绵延成海，微风轻拂，花海泛起层层绚丽的涟漪。漫步在这月季花展之中，花香萦绕在鼻尖，美景映入眼帘，让人陶醉不已。

童年记忆，遛娃胜地——深圳儿童公园。深圳儿童公园是深圳市以少年儿童为主要服务对象的市政公园之一。园内两旁绿树成荫，大草坪翠绿盎然，人工湖清澈见底。色彩斑斓的游乐设施错落有致，旋转木马雕刻细致，宛如童话中的梦幻坐骑。海盗船像一艘在波涛中航行的大船，左右摇晃，让孩子们感受着冒险的乐趣。承载童年记忆的石头滑梯和十二生肖雕塑广受孩子们欢迎。石头滑梯因岁月的打磨透着质朴与亲切，十二生肖雕塑则形态各异，栩栩如生，宛如公园的守护者，静静伫立在公园一角。造型新颖的童趣园是小朋友们探索观影互动、认识趣味植物、亲近自然的理想场所，犹如繁华都市中的童话乐园，是亲子家庭首选的遛娃胜地。

岭南古厝，独隐于市——怀月张公祠。领略岭南文化气息

深圳人民公园

怀月张公祠

莫错过怀月张公祠。该祠位于东门湖贝旧村南坊 529 号，约建于明代晚期，是典型的岭南传统建筑风格，其整体布局遵循中轴线对称原则，庄重而规整，灵动中透着古朴与威严。漫步怀月张公祠，绿瓦、屋檐、青砖、朱门，一砖一瓦一石一柱极具岭南文化气息，散发出古建筑的魅力。推开朱红大门，可见青砖黛瓦，墙壁厚实稳重，承载着历史的记忆与岁月的痕迹，瞬间把游人思绪带回到数百年前，仿佛能看到廊下香客络绎不绝，堂上烛火摇曳旺盛，村民们伏地虔诚祈盼。怀月张公祠是深圳墟百年岁月变迁的"见证人"，承载着一代又一代人的乡愁。当下，湖贝更新统筹片区建设正在如火如荼地推进，昔日古村即将焕新出发。站在怀月张公祠前，一边是隔绝城市喧嚣的古老乡愁，一边是高耸挺拔的现代化大楼，里面是沉静悠远的年岁，外面是繁荣崭新的未来。

东门不仅有秀美的自然景致和底蕴深厚的历史建筑，更有各具特色的食物。漫步在罗湖东门老街，转角就会遇到美食：一碗酸辣粉，吃得畅快淋漓；一份雅苑小厨私房菜，吃出味蕾与美食的浪漫邂逅。这里既有老字号招牌菜，也有新晋网红小吃，让人垂涎欲滴。

东门中路的八哥酸辣粉。每天上午，东门这家街边小店开门，酸辣粉的爱好者便纷至沓来。谁也想不到，八哥酸辣粉的创立者竟然是一个不吃辣的潮汕人！老板姓杜，人称小杜老板。当年他来深圳的第一站就选择了东门，一碗颇具特色的酸辣粉让小杜老板在深圳扎根下来。有时候缘分就这样不期而至，无论你是哪里人、喜好哪种味道，在这里总有一款美食能满足你的味蕾，就像这碗麻辣鲜香、劲头十足的酸辣粉，是食客们时常惦记的味道，也是生活中不可或缺的调味剂。

东门隐院私房菜。拐进东门闹市，寻觅一处空中花园，东门隐院就坐落于此，一处闹市中的美食秘境。一半是高楼，一半是庭院，这里是闹市中一处难得的休闲空间。庭院内典雅温馨，保留了传统的木质结构和飞檐翘角，菜品经典出色，主打家传潮汕风味，传统潮汕烧腊、精致点心粿品、鲜活海鲜等。每当夜幕初降，院内一排排

东门隐院

灯笼亮起，院落内亭台楼阁、小桥流水，让人犹入世外桃源，颇具古色古香的韵味，让前来探店的食客们流连忘返。

鸿展中心城的为食馆。深圳的大街小巷中，有着数以万计的茶餐厅，这种起源于香港的餐饮食肆，因简单、快捷、丰富受到人们的喜爱。为食馆，是一家在东门开了20多年的港式茶餐厅。对于从小混迹于自家餐厅，吃遍了店里美食的孩子来说，这里到处都有家的味道，对于食客们来说，或许也是这样。聚散两依依，天下没有不散的筵席，在东门小店里却有不解的情缘。在倏忽的岁月流逝中，在奔跑的人生赛道上，一粥一饭，一餐一食，足以抚慰漂泊的灵魂。

漫游东门，听世纪钟声訇然唤醒千年之梦。抬眼回眸，看骑楼青砖黛瓦，人文古韵融于街头巷尾。畅游购物天堂，商铺鳞次栉比，熙熙攘攘中，霓虹华灯一朝胜一朝。来东门吧，深圳"根"与时代"潮"在这里碰撞融合，是感受深圳城市烟火魅力的首选地。

桂园街道
Guiyuan Subdistrict

这里是红色基因的传承地，先后涌现出蔡子湘、蔡叠华等一批革命斗士。这里是深圳高度的迭代区，从平安银行大厦、地王大厦，到京基100大厦，城市天际线不断攀升。这里是高端产业的集聚区，是平安银行、国信证券等国内知名总部企业和LV、Hermès等高端消费品牌汇集的核心区域。这里是和美宜居的新高地，5条地铁线路穿插而过，教育资源优质丰富，精致美食云集，烟火小店遍布……这里就是桂园街道。

桂园街道成立于1979年9月20日，原名为和平路办事处，1983年12月更名为桂园街道办

事处。辖区面积约 2.31 平方千米，东起广深铁路和布吉河，与东门街道相连，西至红岭路，与福田区相接，南靠深圳河，与南湖街道连接，北沿笋岗路，与笋岗街道接壤。常住人口约 9.19 万，其中户籍人口约 8.9 万人，人口密度为 3.97 万人 / 平方千米，位居全市前列。街道下辖桂木园、人民桥、红村、鹿丹村、松园、大塘龙、新围、老围共 8 个社区。作为深圳经济特区开发最早、发展最快的几个片区之一，桂园街道是全市金融商贸核心片区和国际知名品牌集聚的高端消费街区，也是全市重点建设型商圈的核心区域。随着深南东路总部经济主廊道、红岭新兴金融产业带、"双城三圈"等重大规划陆续发布，一幅高质量发展的桂园画卷正在徐徐展开。

红色传承蔡屋围 金融商贸核心区

桂园街道

桂园街道位置示意图

百年蔡屋围：从省港大罢工热土到现代都市新篇

300多年前，蔡屋围蔡氏九世祖蔡基俊来到赤坎（现红岭）一个叫"老陈家"的地方成家立业，繁衍子孙，买田起屋，逐渐建成了一座大围屋，被称为"蔡屋围"。蔡屋围原范围东起布吉河，西至现深圳体育馆，南临深港边防分界线深圳河，北抵泥岗路，"老围""新围"两座自然村在深圳建市后划入桂园街道辖内。可见，如今的桂园街道正是蔡屋围的百年缩影。

革命先锋，蔡屋围的共产党人高举红色旗帜。1925 年 6 月 19 日，省港大罢工爆发，罢工工人纠察队第三大队第九支队和建国陆海军大元帅府铁甲车队 100 多人奉命先后来到深圳驻防，与香港一河之隔的蔡屋围顿时成为反帝反封建的前沿阵地。铁甲车队开进蔡屋围，并把队部设置在怀懦公祠，执行封锁香港的任务。1925 年上半年，中国共产党在宝安县三区（现蔡屋围）发展了蔡子儒（如）、蔡励卿、蔡子湘等党员。1925 年下半年，这里成立的党小组是全县最早成立的党小组之一。

蔡子湘生于 1906 年，其父蔡有能在深圳镇开设汇兑庄和大来金铺。国民党军队实施"清党"后，中共宝安县委活动极为困难，他利用少东家身份，把大来金铺作为中共地方组织的经济接应点。此后数年，宝安交通线的活动经费大部分由其提供。同时，他还借助交通站护送上级领导进出香港，在大革命时期起到重要作用。1931 年 12 月，蔡子湘被捕，次年 1 月，在广州英勇就义。

除了本地的蔡屋围村民，远在海外的华侨也密切关注着国内时局变化，以各种方式支持革命。1929 年，旅美华侨蔡泰华在蔡屋围捐赠建设燕贻学校，校

蔡子湘

1929 年的燕贻学校

名意寓华侨像海燕一样漂洋过海，留存了这样一所宝贵的学校。一批先进知识分子、东江纵队地下党员以教师身份为掩护，将学校作为地下组织的活动基地，搜集大量情报。燕贻学校在 1993 年易地重建，改名为红桂小学，"勤、诚、敬、敏"的校训流传至今，培养了一代又一代的优秀青少年，成为深圳远近闻名的学校。

沧海桑田，蔡屋围人的身份蜕变。1979 年之前，桂园街道区域内是一片水稻田和鱼塘，有新围、老围、鸡枝吓、红围、南村、南村西 6 个自然村，均归蔡屋围行政村管理。1980 年，深圳经济特区正式建立。蔡屋围的 5000 多亩土地被征收，蔡屋围人开始不断开拓创新，拥抱变化。

从"村民"到"市民"再到"股民"。今天，蔡屋围在深圳人眼中的标签一定是"多金"和"繁华"，但在特区建立之初，蔡屋围的转型并没有那么顺利。改革开放初期，蔡屋围利用毗邻香港的区位优势，引进大量"三来一补"企业，开办了蔡屋围（香港）时代手袋厂、服装厂、电子厂等30多家企业，蔡屋围人开始"洗脚上田"。

但时代浪潮滚滚而来，一无技术积累，二无管理优势的"三来一补"企业在激烈的市场竞争中纷纷退出了历史舞台。此时的蔡屋围已经有了现代化都市的样子，一栋栋高楼拔地而起，敢想敢拼的蔡屋围人很快就嗅到了商机，开始采取独资、合资、合作等多种形式，先后创建了蔡屋围大酒店、华登宾馆、河东宾馆等一批企业，蔡屋围大酒店是全国第一个由村集体创办的星级酒店。1992年10月，蔡屋围村实现城市化，行政村改制为新围社区、老围社区，村集体成立蔡屋围实业股份有限公司（以下简称"股份公司"），蔡屋围人正式从"村民"变为"市民"。1992年至2018年，蔡洪亮连续担任股份公司第一届至第五届董事长，他定下"坚持发展壮大集体经济，坚持走共同富裕的道路"的企业发展方向，奠定了"以物业经济为基础，综合性多元化发展"的企业经营格局。在他的积极推动下，京基100大厦、城建云启大厦等一系列地标集群在蔡屋围拔地而起，蔡屋围成为深圳初代CBD。

在股份公司的精心运营下，属于"村民"的集体资产越来

发现另一个深圳

深圳78街「全景画像」（罗湖）

桂园街道

蔡屋围夜景

多，为了保证分红的不断增长，股份公司选择将钱用于买银行存款，收益稳定但回报率低，大家都把这笔钱称为"沉睡的金库"。蔡屋围人率先打破惯例。2019年，股份公司出资7000万元认购深圳市高新投集团担保的上市公司企业债券，创造了全市首个集体股份合作公司与市属国企联手为民企纾困的成功案例。一次简单的债券市场投资的背后，是整个股份公司营利经营思维的转变。2023年，股份公司与国信证券、深圳市高新投集团以及天风证券等大型机构开展合作，持续拓展资本市场投资规模，全年在金融领域的投资收益达3422万元，企业资金收益由原来不到3%的定期存款利息提高到7.25%，蔡屋围成为"第一个吃螃蟹的股份公司"。于是，深圳其他股份公司也开始纷纷与各大金融机构合作拓展投资渠道。这个总资产近2500亿元，净资产超1200亿元的深圳村集体社区股份公司，迎来了一种新的资产增值选择。

罗湖唯一一个没有城中村的街道。蔡屋围最早被叫作"赤坎"，后又被称为"红岭"，是一座小山包。深圳建市后，为了解决罗湖低洼处容易内涝的问题，开始了大规模平整基建用地的行动，红岭被逐步搬平，从罗湖口岸到解放路广场（今地王大厦），开发出了4平方千米的平整土地。在之后的40多年间，城市发展带动城市基础设施建设和公共服务配套的逐渐完善，城市功能品质显著提高，曾经的"小山"俨然成为一个现代化街区。

短短 40 年，"小山包"是怎样变成深圳初代 CBD 的呢？2002 年，中国人民银行深圳市中心支行金库因扩建需要拆除老围 14 栋握手楼。股份公司提出以金库建设为契机，对老围进行整体拆除和改造。随后，股份公司分别与中国人民银行深圳市分行、京基集团完成签约并启动建设。2011 年，总高度 441.8 米的京基 100 大厦落成，刷新了深圳建筑新高度，是当时全球第八高楼。项目的顺利建成实现了人民银行、政府、开发商、村集体、村民的"五赢"局面，创造了深圳城市更新的"蔡屋围模式"。

经过此次城市更新，许多村民从逼仄的"握手楼"住进了花园式小区，生活条件大大改善。股份公司也通过置换实现了物业资产的大幅升值。但此时蔡屋围还有南村、清庆新村等上百栋"握手楼"，这些村民的旧改意愿也日益迫切。2011 年，蔡屋围片区迎来了它的新篇章，它被定位为罗湖金融商业核心区，规划总建筑面积约 270 万平方米。借此机会，蔡屋围掀起了新一轮的建设热潮。在股份公司和街道的持续努力下，随着最后一栋私宅轰然倒下，蔡屋围城中村 359 栋私宅拆迁工作顺利完成。桂园街道成为罗湖区唯一一个没有城中村的街道。在深圳市中心的核心位置，再次出现了成片可用作建设的土地。未来，这里规划了 3 座超 300 米的超高层地标建筑，与京基 100 大厦、地王大厦一起，建设代表深圳经济特区形象地标性城市建筑群，打造深圳的"曼哈顿"。2024 年，城市更新后的第一栋高楼——333 米高的城建云启大厦即将投入使用。

鹿丹村改造，深圳旧改"实验室"。提到罗湖城市更新，就不能不提鹿丹村旧改，因为它是深圳首个成功动迁的旧住宅小区改造项目。鹿丹村于 1987 年开发建设，处于罗湖商业圈和深圳火车站辐射范围内，与香港仅一河之隔，曾经是深圳最显赫的"名流村"。但因建造时施工方使用了大量海沙，从深圳湾吹来的海风很快让墙体斑驳不堪，楼盘在建成不久后即破损严

鹿丹村旧貌

重。出现破损后，施工方采用沥青类防水材料修复，因填补墙缝形成了纵横交错的网状外观，因此居民也称破损楼宇为"斑马楼"。

2014年5月30日，鹿丹村在一片轰鸣声中，正式启动拆除工程。重建后的鹿丹村更名为中海鹿丹名苑，占地面积约4.7万平方米，共有住宅楼13栋，总户数1915户，建筑高度为90—150米。曾经破败不堪的海沙危楼如今变成了拔地而起的高层住宅，居民生活质量显著提升。如今的中海鹿丹名苑建有儿童乐园和游泳池等配套设施，南边正对深圳河和香港的自然保护区，绿

中海鹿丹名苑新貌

色与生活配套可谓"豪宅"标准。从楼板漏水的"斑马楼"到环境宜人的"花园楼房"，回迁仪式上，"回迁业主身价增，喜在眉头笑在心"一句小诗完美诠释了回迁业主们的心情。作为深圳首个成功动迁的旧改住宅小区项目，鹿丹村的重生成为复杂旧住宅小区改造的范本。

三栋高楼：楼宇经济和城市天际线共同澎湃生长

深南大道上，众多高楼此起彼伏，每一座高楼背后都蕴藏着一个个动人的故事，诉说着一段段历史。平安银行大厦、地王大厦、京基100大厦就是其中不得不提的三栋高楼，它们的变迁也是深圳城市发展的缩影。

平安银行大厦——一座"步步向上"的大楼。平安银行的前身"深圳发展银行"，证券代码"000001"，是内地首家公开上市的全国性股份制银行，也是深交所第一号股票，总部所在地就在原来的深圳发展银行大厦，大厦主体高度184米，共36层。自从深圳发展银行和平安银行合并后，大厦的名字就更改为"平安银行大厦"。平安银行大厦是深南路由西向东高层建筑的起点，深南路从这里开始被称作"深南东路"，大厦设计成由西向东步步高升的阶梯体块，辅以倾斜向上的巨大构架，寓

平安银行大厦

意"发展向上"，成为深圳人记忆中深圳高楼的代表。如今，在各种深圳系列建筑的设计和剪影中，依然可以看到它的身影。

地王大厦——亚洲前第一高楼。地王大厦建成时为亚洲第一、世界第四高楼，一下将深圳的天际线从 200 米拉升至将近 400 米，但实际上除了地王大厦外，它还有另一个名字。

1992 年 10 月，位于罗湖区深南东路 5002 号、总面积约 1.87 万平方米的一块土地在内地首次实行国际招标，吸引近 200 家境内外公司参与。最终，深业集团和日本熊谷组香港分公司联合以 1.42 亿美元中标，创下当时深圳土地交易最高价，因此有了"地王"之称。地王大厦立项、建造、运营均遵循国际化原则，甚至连取名也遵循"市场化"。当时香港信兴集团因购买地王大厦多个楼层而获得冠名权，地王大厦被冠名"信兴广场"。但由于地价高带来的"地王"印象已经深入人心，大家还是习惯性地称它为"地王大厦"。

1994 年 5 月 27 日，专程从东京运过来的 6 颗金螺栓被拧在巨大的钢架上，地王大厦的钢结构施工按下"启动键"，仅用 392 天就完成了 298 米的施工高度，最快时两天半建好一层，刷新了当年国贸大厦创下的三天一层楼的"深圳速度"。1995 年 6 月 9 日，地王大厦主楼封顶，总高度 383.95 米，地上 69 层，大楼宽与高之比为 1:9，创造超高层建筑最"扁"最"瘦"的世界纪录，保持"深圳第一高楼"地位 16 年之久。

作为当时深圳少有的甲级写字楼，渣打银行、华侨永亨银行、中国金币经销中心等金融机构纷纷入驻，又因靠近口岸和笋岗仓库的地理优势，众多跨境贸易、国际货代产业上下游企业也搬入地王大厦办公。作为当时的亚洲第一高楼，它又处于深港交界处，不少社会名流和外国政要都希望登顶一览深港风采。1999 年，地王大厦 69 层的"地王观光·深港之窗"正式开业，在这里可以南望香港、北瞰深圳，360 度全方位视角将"一国两制"的深港都市风情尽收眼底。"地王观光·深港之窗"被评为国家 3A 级景区和深圳首批红色旅游景区。

京基 100 大厦——21 世纪初的深圳地标。京基 100 大厦因楼层数为 100 层而得名，建筑造型形似喷泉瀑布，入口犹如水花泛起的涟漪，喻示蒸蒸日上、喷薄不息的成长与发展。京基 100 大厦高 441.8 米，是集甲级写字楼、购物中心、酒店、高级公寓于一体的城市综合体，也是城中村改造的示范案例。该项目屡获殊荣，先后获得第 21 届中国土木工程詹天佑奖、"安玻利斯摩天大楼奖"——全球最佳十大摩天大楼第四位、中国地产年会"最佳写字楼"等荣誉。

京基 100 大厦共有 270 多家企业、9000 余名从业人员。8 家银行、9 家保险公司、10 家券商营业部，以及深高新投、深圳资

深圳78街 全景画像（罗湖）

桂园街道

京基 100 大厦

产等头部金融机构，广东微众、广东扬权等知名律师事务所，兴业、中天粤等注册会计师事务所共同构成了京基 100 大厦高端且完整的现代服务产业链条。现代服务业总部园区、私募基金园区……京基 100 大厦成为"实力"与"美貌"并存的一张"桂园名片"。

京基 100 大厦在投入使用时，就以"党建＋物管"的形式成立了京基 100 联合党委。京基 100 大厦是当时深圳最高档的写字楼，租金昂贵，楼内没有为企业提供路演、会议、洽谈等功能的共享空间。因此，桂园街道联合京基 100 联合党委和京基集团，在 44 楼打造了全市最高的党群服务中心——京基 100 党群服务

京基 100 党群服务中心

中心，利用党群服务中心开展党员教育管理、助企活动、人文沙龙、青年夜校等一系列服务。2020 年 12 月，京基 100 联合党委被广东省"两新"组织党工委评为全省"两新"组织党建工作示范点。

3 座高楼带来的金融企业集聚，奠定了桂园以金融业为主的产业基础。当前，桂园的 42 家持牌金融企业占全区金融企业总数的 44.21%。在全市金融版图中，前海·深港国际金融城、香蜜湖·深圳国际金融街以及横跨桂园街道和笋岗街道的红岭新兴金融产业带并称"一城一街一带"，是全市重点打造的金融集聚区。桂园已成为罗湖经济体量最大的街道，实际经营企业超 6000 家，上市企业 6 家（平安银行、国信证券、中装建设、京基智农、振业集团、博士眼镜），聚集了 12 栋税收亿元楼，用仅占罗湖 3% 的面积，产出了全区约 1/3 的生产总值。

国际化街区：高端与烟火在灯火辉煌中交相辉映

将时光拨回到 20 年前，深圳还只有 1 号线和 4 号线这两条地铁，华润集团旗下的全国第一家万象城——"深圳万象城"，选址在 1 号线大剧院地铁站旁，成为当时为数不多的地铁直达的商业中心，而桂园也成为深圳高端商业的原点。如今，蔡屋围国际高端消费街区拥有深圳万象城、KK MALL、地王·星荟、深圳文和友等诸多商业综合体，2022 年被评为全市首批"国际化街区"。"首店首发首秀首展""老街老巷老广老店"……高端与烟火在这里融合得恰到好处，桂园成为无数游客心中不可不逛的宝藏之地。

首店首发首秀首展。从深南东路转入宝安南路，一路向南，一座灯光璀璨的"街+盒"商业综合体映入眼帘，人声鼎沸热闹非凡，这里就是深圳万象城。作为全国首座万象城，深圳万象城正迎来它的 20 周岁。有人说，深圳万象城永远都像崭新开业的样子，它是如何"永葆青春"的呢？

深圳万象城"永葆青春"的秘诀之中，"首店首发"与"首秀首展"是点睛之笔。"奢侈品"已经不是深圳万象城的唯一标签。2023 年，深圳万象城开启三期改造和一、二期业态升级，品牌组合更新率近达 36%。Santa Maria Novella 全国首店、始祖鸟 ARC'TERYX 全新一代 V4 形象华南首店，三期主打先锋时尚、潮流运动的生态成为深圳万象城迎合年轻一代消费趋势的全新尝试。

包罗万象的餐饮也是不可不提的，深圳万象城集结了各大菜系的代表品牌：北京烤鸭"羲和·京致"，古雅环境中烤鸭皮脆肉嫩，食客包卷品尝，满是惬意；新徽菜"皖厨山徽"，徽韵悠长，独特风味令人难忘；广东菜"利苑酒家"等，虾饺玲珑，烧腊诱人；湖南菜"湘爱"，热辣飘香，食客直呼过瘾……足不出城就能吃遍全国美食。新开业的三期更是营造了丰富多元的特色餐饮矩阵，从人均50元的香港肥韬茶餐厅到人均300元的Sushi Hanzo半藏，总有一家店能俘获食客的味蕾。

将艺术和街区进行巧妙搭配，也是深圳万象城保持新鲜感的秘诀。回溯至2016年，深圳万象城"遇见马克·吕布：马克·吕布与肖全镜头下的中国"主题展于此盛大启幕，这是国际摄影大师马克·吕布逝世后国内的首个纪念展。从此，各类"首展""首秀"开始不断落地，周杰伦官方二次元IP"周同学爱次元空间"深圳首展、霍夫曼"欢聚！加倍！CELEBRATE MORE！"华南首展、漫威85周年特展……一场又一场妙趣横生、别出心裁的展陈吸引了无数喜爱艺术的年轻人。深圳万象城不断推陈出新，让这里变得好吃、好逛，也更加好玩。

首推离境退税"即买即退"试点，境外游客无须在口岸办理退税，当场就可以领取退税金；"一码当先"放心消费商圈接诉即办服务平台，消费者可以随时随地通过扫描二维码进行投诉和维权……政策也不断发力优化消费环境，合力打造品质优、配套全、体验佳的高品质消费街区。当前，深圳万象城已入驻超450家品牌，包括GUCCI、LV、Hermès等超50家国际一线奢侈品牌，

深圳万象城漫威 85 周年特展

深圳万象城

其销售额已迈过 130 亿元大关，稳居华南地区商业综合体第一。

老街老巷老广老店。从人文生活角度讨论深圳最具人气、生活气、烟火气的街区，桂园显然是避不开的地方。在桂园，传统步行街、大型购物中心的"围墙"正在被打破。漫步桂园，一定能与人间烟火撞个满怀。振业市场是陪同不少老深圳人一起成长的农贸市场，绿之源客家豆腐坊、标记烧腊店等老字号是藏于市井深处的本地人认证的好店。深圳文和友位于广深铁路和布吉河之间，广深铁路上往返的和谐号动车象征"新"事物；近 10 万件深圳 20 世纪的老物件代表着"旧"情怀，所见到的场景都来源于深圳这座城市的日常温度。走进入夜后的布吉河畔，在七彩霓虹灯牌点缀下的深圳文和友来一场寻味烟火的 City walk，邂逅笨萝卜、潮丰牛肉店等天南海北的美食，享受视觉与味觉的双重盛宴。

数条小路百转千回，引来无数的背街小店、网红吃食在这里聚集。在红桂路上，经营了 27 年的老字号潮丰牛肉店总是坐满了本地人，钟爱这 20 多年未变的"老广"风味；老北京风味的京味张烤鸭店让人一瞬间感觉"穿越"到了地道的北京院落；老字号客家菜东江大排档，破除千篇一律的连锁口味，带给食客一种别样的味蕾体验。在宝安南路上，静颐茶馆独具中式韵味，古琴

深圳文和友

与流水交相辉映，营造出禅意盎然的素食世界。在桂园路上，一家家小店就是一扇扇观察城区文化和人口结构的窗口，文艺简餐和东北烧烤，静吧和独立咖啡店，爆辣湘菜和清淡粿条，大家一同被这里潮流又市井的气质吸引，来自五湖四海的人们在这里相聚，达成一种精致又完美的平衡。

国际化国际人国际味国际范。桂园的"国际范"，蕴含在街区独有的品质感中。桂园有瑞吉酒店、君悦酒店两家五星级酒店，还有接待过新加坡前总理李光耀等42位国家元首及政府首脑的京基晶都酒店。在君悦酒店，可以一边品味豪华高空自助，一边俯瞰奔腾不息的深圳河，将这座城市的繁华尽收眼底。而在深圳最高的酒店——瑞吉酒店，可以站在"云端"之上，欣赏福田、罗湖 CBD 的壮丽街景，感受这座城市的心跳与脉动。京基晶都酒店提供的精细服务足以媲美外宾接待标准，在享受舒适居住的同时，也能感受到如同国宾般的尊贵体验。

桂园的"国际范"，还体现在街区的人情味中。有1000 余名外籍人才居住在桂园，新围社区设有罗湖区国际人才服务中心，拥有国际人才服务专窗、国际人才来华工作许可工作站、外国人一站式办事及咨询服务平台三类职能，为境外人员提供两大类别共 20 余个涉外事项业务的咨询服务。桂园借助专窗搭建了文化交流开放性平台，打造了外国友人喜爱的"国际人才节"文化交流活动。在端午节、中秋节等传统节日，面向国际人才开展的国画书法体验班、非遗皮影戏专场演出等传统文化体验活动，不仅让外籍人才感受到"人情味"，也消除了他们的文化隔阂。Luca 是一名意大利籍的国际学校老师，居住在松园社区，在参与街道组织的国际文化交流活动时，便注册成为一名志愿者，并积极投身于社区各项志愿活动，被深圳卫视等媒体以"我是外国人，但不是外人"为题广泛报道。

桂园的"国际范"，还闪耀在产业的集中度上。桂园是跨国公司钟爱的办公地，外资银行、国际货代、医美产业都集中分布在桂园的一栋栋高楼里。汇丰银行、

国际友人参加元宵节活动

星展银行、大新银行、华侨永亨银行、渣打银行等外资银行；达飞轮船、优合集团等国际货代产业链……300多家外企都选择落地桂园。桂园以行业龙头企业为驱动力，吸引产业上下游企业入驻集聚。优合集团是中国龙头冷链运输企业，吸引了8家相关产业上下游公司入驻桂园，它们在全国进口冻肉及水产市场占有率超25%。类似的产业集聚故事正在桂园不断上演。

和美宜居：民生福祉在普惠共享中持续改善

桂园不仅有300多年的历史、繁荣的商业，也有浓厚的文化气息、丰富的教育资源和人与自然和谐共生的生态环境，是和美生活的宜居之地。

深圳大剧院——传播优秀文化的艺术高地。 在时光的长河中轻轻翻一页，一定会发现 1981 年在深圳艺术文化史上留下了厚重的一笔。这一年，深圳提出要建设"深圳八大文化设施"，深圳大剧院就是其中的重点。此时很多人提出质疑，当年深圳不过才 36 万人，大剧院的建设投入花费了 8900 万，差不多是当时深圳全年财政收入的 1/3，深圳真的需要一座投入如此巨大的现代化大剧院吗？ 1989 年，深圳大剧院正式步入历史的舞台，成为深圳这座年轻城市的骄傲符号。当年便成功举办了"中国深圳珠海国际艺术节"，在世界面前展现了一个生机勃勃的深圳，所有的非议在此刻都烟消云散。

如今，深圳大剧院仍然是深圳重要的文化符号。当夜幕降临，灯光渐亮，它便化身为艺术的摇篮。在这里，原创舞剧《咏春》以其震撼人心的力量，唤醒了观众内心深处对生命的热爱与敬畏；上海芭蕾舞团的《白毛女》则以精湛的演技，将劳苦大众的真实生活演绎得淋漓尽致，令人动容；而比利时皇家芭蕾舞团的《睡美人》则如同一场梦幻的旅行，带领观众穿梭于现实与童话之间，感受那份纯粹与浪漫。

每一场演出，都是一次灵魂的碰撞，一次心灵的洗礼。在深圳大剧院，艺术不再是遥不可及的高岭之花，

深圳大剧院夜景

而是触手可及、温暖人心的存在。它以其独有的魅力，吸引着每一颗热爱艺术的心，共同编织着一个个关于梦想、爱与希望的故事，让这座城市，因艺术而更加生动，因文化而更加丰盈。

深圳书城罗湖城——深圳最早的"书城"。深南路如一条璀璨的纽带，连接着过去与未来，而在这条繁华大道的另一端，与深圳大剧院遥相呼应的，便是承载着深圳文化记忆与精神风貌的瑰宝——深圳书城罗湖城。1996 年 11 月，深圳书城罗湖城以一种前所未有的姿态，在国内首次以"书城"之名，缓缓掀开了它神秘的面纱。

当时，深圳把握住 1997 年香港即将回归祖国的契机，争取到第七届全国书市的举办权，这也是全国书市首次在非省会城市举办。11月8日，第七届全国书市开幕式如期举行。书城广场以及两边的金丰城大厦、深业中心、对面的地王大厦乃至深南大道人行道都站满了人，"长龙"排到几里路外。由于参观购书的市民络绎不绝，为了控制人数，书市开幕当天实行售票制。观众要凭参展证和门票出入，每天限流10万人次，在书市举办期间，原本5元的门票甚至被炒到50—80元。这届书市持续了11天，图书零售额达到2117万元，订货总额突破3.2亿元大关，创下全国书市首次展会图书销售量突破2000万元等7个"第一"的纪录，成功塑造了"深圳书城"的品牌形象。

从1989年开始，深圳人均购书量连续位居全国第一，到2023年，深圳居民日均读书67.54分钟，成年居民人均纸书阅读量15本，均远远高于全国平均水平，被联合国教科文组织授予"全球全民阅读典范城市"的荣誉。深圳书城罗湖城，它不仅仅是一间书店，还是深圳这座城市的文化记忆，更是深圳人精神风貌的集中体现。在这里，每一本书都见证了深圳的成长，每一次翻阅都承载着深圳的梦想，引领着这座城市向着更加辉煌的未来进发。

深圳开放大学——深圳第一所公办大学。1978 年，邓小平亲自批准创办广播电视大学，各地的广播电视大学如雨后春笋般先后建立起来。彼时深圳经济特区刚刚建立，经过改革开放春风的洗礼，无数青年从祖国各地涌入深圳，大家都急切地想提升学历，投入到市场化浪潮中。因此，1980 年，深圳经济特区第一所公办高等学校——深圳开放大学（原深圳广播电视大学）应运而生，这所深圳最大的"无围墙"开放大学，开始改变着中国千百万年轻人的命运。学校开设硕士、本科、专科三个层次的各类专业共计 80 多个，累计培养了约 20 万名高级应用型人才，非学历教育培训达 100 多万人次，在校生规模最高时达 53000 多人，当时深圳开放大学被称为深圳规模最大的高等学校。

布吉河——城市中心的绿美生活水岸。布吉河——繁华都市中的一抹宁静绿洲，它是深圳河的一级支流，蜿蜒流淌，干流全长约 9.8 千米，宛如一条镶嵌在钢筋水泥森林中的翡翠项链，承载着深圳人的美好回忆。20 世纪 90 年代开始，城市化的浪潮汹涌而来，布吉河沿岸的高楼大厦如雨后春笋般拔地而起。布吉河，这条见证了深圳成长的母亲河，也悄然发生了改变。曾经清澈见底的河水，逐渐被垃圾和淤泥侵蚀，鱼虾的踪迹渐渐减少。

为了还市民一个水清岸绿、鱼翔浅底的布吉河，2009 年起，深圳启动了布吉河水环境综合整治工程。如今，布吉河已经焕然一新，清澈透亮，仿佛一块巨大的水晶镶嵌在河道之中，主要断面的水质发生了翻天覆地的变化，已然变身为一条充满活力的滨水"秀带"。河道两岸一片绿意盎然，河水清澈。清风徐来，人们站在岸边就能看到鱼儿在水中欢快地游动。当夜幕降临、华灯初上，布吉河沿岸更是呈现出一番别样的景致。水幕喷泉灯光秀定期开展，五彩斑斓的光芒在水幕上跳跃，与河水交相辉映，构成了一幅幅令人叹为观止的光影画卷。AI投影技术更是将河水作为天然的幕布，以夜色为笔，勾勒出一幕幕如梦如幻的场景。

灯、光、声、水在此完美结合，尽情演绎着属于布吉河的传奇故事。布吉河，这条曾经沉寂的河流，如今已经成为深圳市民心中不可或缺的绿色空间，夜晚的河边是家人欢聚、儿童嬉戏的理想之地。

中医院与口腔医院——中医与西医的汇聚。 漫步于解放路，也许会被一缕若有若无的中药味吸引。伫立于罗湖十数年，它不像多数医院那样充满熟悉的消毒水味，却以中药淡淡苦涩的味道

布吉河桂园段

给人留下古老的印象，这就是深圳市中医院第一门诊部。它是深圳市中医院最早的院区，其前身是1975年成立的宝安县中医院，最初只有几间房子用于看病。深圳经济特区建立后，宝安县中医院也升级改名为深圳市中医院，并在福田、光明等地都设置了分院，老院区也改为"第一门诊部"。中医院擅长以中西医结合调养不适，定期举办的中医养生讲座、健康咨询、中医体验活动让广大市民都能感受到中医的独特魅力。

行走至社区深处，在树荫下坐落着深圳市口腔医院，这家医院不仅是深圳首家市属公立口腔专科医院，也是粤港澳大湾区口腔医疗发展的一个重要里程碑。深圳市口腔医院的诞生，源于深圳市民对专业口腔医疗服务的迫切需求：深圳作为一个经济发达的城市，面临着一个尴尬的现实，即每千人拥有的口腔医生数量远远低于欧美发达国家，而且国内许多大中城市都有自己的公立口腔医院，深圳却迟迟没有。为满足市民对高质量口腔医疗服务的需求，深圳市政府决定投资兴建一所市属公立口腔专科医院。2019年12月21日，深圳市口腔医院开始试运营，这标志着深圳在口腔医疗领域迈出了坚实的一步，更体现出深圳这座城市对健康、对生活质量的不懈追求。

悠游金融高地，观大厦鳞次栉比，车水马龙处繁华盛景一年胜一年。历史"韵"与现代"风"在此处交织汇聚，是都市多元魅力的绝佳处。

南湖街道
Nanhu Subdistrict

深圳78街
全景画像

"南湖"，一个孕育着"变革"的地名。百年前，浙江嘉兴的南湖，见证了中国共产党成立这一开天辟地的大事件。百年后，广东深圳的南湖，在改革开放轰轰烈烈的浪潮中勇当尖兵，创造了全国最早"万元户村""中华第一高楼"等多个"第一"。百年通关口岸——罗湖口岸，深圳最早发展的繁荣商圈之一——人民南商圈，历史悠久、蕴含传统风土人情的本土村落——向西村、罗湖村……行走在南湖，仿佛置身于改革开放40多年的浪潮中，波澜壮阔的"春天的故事"画卷在眼前徐徐展开。踏入全国最早"万元户村"——

渔民村，三代领导人的殷殷嘱托，如春风拂面细雨润心，激励着一代又一代深圳人。站在"中华第一高楼"——国贸大厦的旋转餐厅上，俯瞰源远流长、宛如丝带的深圳河，它静静诉说着山水相连、人文相亲的深港故事。

南湖街道办事处成立于 1983 年 12 月，辖区面积约 2.75 平方千米。东起文锦南路，与黄贝街道相连，西至布吉河，与桂园街道相接，北起深南路，与东门街道接壤，南到深圳河边，与香港隔河相望。目前，常住人口约 8.97 万人，其中户籍人口约 4.74 万人，人口密度为 3.26 万人／平方千米。街道下辖罗湖、罗湖桥、嘉北、和平、向西、渔邨、嘉南、新南、文锦共 9 个社区，是特区开发最早的几个城区之一，也是联通深港的重要门户。

深圳也有一个"南湖"

南湖街道

南湖街道位置示意图

跨越时空·百年口岸联通世界

南湖街道不仅拥有连接五湖四海的深圳站，也拥有联系香港、走向世界的"桥头堡"："深港第一哨"——罗湖口岸，"深港第一桥"——罗湖桥。

深圳有个地理坐标，成为无数人第一次去香港的独特记忆。它就是位于粤港澳大湾区东岸，深圳出入境客流量最大的口岸之一——罗湖口岸。1914年，罗湖口岸的前身罗湖税关分卡就已是内地与香港重要的连接通道。1950年，罗湖口岸正式成为国家对外开放的口岸，是改革开放前深圳仅有的两个陆路口岸之一，承担连接内地和香港以及对外交往的重要使命。

百年风雨兼程，百年砥砺前行。直到今天，罗湖口岸依旧是各地游客来深游玩"打卡"的必去之处。口岸广场前有一间52平方米的黄色小屋，格外引人注目，无声地散发着温馨与亲切。"您好，请进来休息一下吧，这里有饮用水，也可以充电、热饭。"有游客在门口好奇地探进脑袋，身穿红色马甲的口岸志愿者服务站义工见状上前指引服务。

近年来，随着罗湖口岸不断升级优化现代化管理方式，港澳

罗湖口岸

居民、"L签"团队旅客们都可以通过卡口自助查验，通关更加便捷舒适。目前，罗湖口岸日均通关人数约15万人次，节假日日均通关人数约20万人次，客流量居全国前三。

无数游子心中温暖的记忆起点——没有"站"字的深圳站。在每座城市，游子记忆最深处一定有那个启程、抵达的车站。在过去的40多年里，无数人怀揣梦想来到深圳，绝大多数"深漂"抵达的第一站就是深圳站，这是一个连接家乡和梦想的地方。1911年，广九铁路正式全线贯通运营，深圳站也因此作为广九铁路内地最南端的车站投入使用。它与罗湖口岸紧密相连，是广深铁路城际列车的南端起点，也是联系内地与香港的重要枢纽。

许多游客来到这里，看着眼前火车站正中间的"深圳"两个大字，心中不免疑惑：为什么只有"深圳"二字，而没有"站"字？1992年，邓小平同志为深圳站题字"深圳"，其中大有深意，我们从人民出版社出版的《邓小平南方谈话真情实录》一书中可以找到答案。深圳是中国改革开放的排头兵，是中国特色社会主义道路的试验田。无论是当时，还是今后，深圳都不能"靠站""停站"，而必须一直向前，向前。随着铁路的不断发展，2022年深圳站也跨入了高铁时代，涵盖了快速、直达、动卧、动车组列车等多种类型，能够满足不同旅

深圳站

客的出行需求。目前，广深城际、赣深线、广汕线、京广线、京九线等多条铁路干线如同纵横交错的脉络，在此完美交会，成功实现了与全国多个地区的无缝连接，成为深圳人铁路出行的优先选择。

见证了深圳河两岸风雨沧桑，跨越了百年峥嵘岁月的铁路桥——罗湖桥。我们用很多画面来描绘"春天的故事"，但不管如何讲述，罗湖桥都是一扇绕不过去的"门"。它横跨深圳河，一头连着深圳，一头连着香港，因广九铁路由此通过而建造的铁路桥——罗湖桥，是中国通往世界各地的重要桥梁。

近代以来，"百年罗湖桥"见证了从港英时期、日占时期到香港回归的峥嵘岁月，更见证了香港回归后两地的繁荣发展。百年风雨过去，罗湖桥依旧是深港交流、对外开放的那扇"门"，也是深圳爱国主义教育基地之一。

血脉相连·深港融合前沿阵地

南湖街道地处深港交会最前沿，与香港地缘相近、血脉相连、山水相连、人文相亲，港企数量超2600家，是全市港人集中的"居住之地"，港人生活消费的"首选之地"，连接深港居民的"情感码头"。

全市港人集中的"居住之地"。近年来，南湖街道常住港籍居民约10000人，约占街道居住总人口的14%，可以说每8位在南湖生活的居民就有1位来自香港。走在南湖街头，随处能听到"高浓度"的粤语。如果想拍摄港味十足的照片，除了到香港本地拍摄外，还可以到南湖来取景，这里大部分街区是参照香港早期建筑风格建造的，无论是街区、巷道，还是停车场，甚至是楼梯间，港风氛围都很浓厚，可以秒拍出"港风大片"。如果想吃地道的香港美食，南湖遍布大街小巷的港式美食便是最好的选择。这里也是无数港人对深圳的记忆所在，老牌的佳宁娜潮州菜，以腊味闻名的新发烧腊茶餐厅，还有性价比高的翠华餐厅，都是让人回味无穷的港式风味经典。

港人生活消费的"首选之地"。罗湖商业城、国贸大厦、人民南商圈……这些南湖特有的旅游"打卡"点吸引着无数港人来此消费。每当夜幕降临,高低错落的霓虹灯广告牌、人群熙攘的夜市摊位、车水马龙的街道,仿佛是 TVB 港剧中那些经典场景的真实再现。罗湖商业城,一个被深港两地誉为港人喜爱的地方,每天迎接超 5 万人次的消费者,其中 90% 以上都是特意从香港赶来的。而距离罗湖口岸不远的金光华广场,是深圳首个与地铁无缝对接的国际购物广场,每日接待约 8 万名顾客,其中约 30% 的人带着浓浓的香港口音,他们或漫步于 8500 多平方米的前广场,或在各式各样的店铺间穿梭,寻觅心仪之物。罗湖商业城、金光华广场之所以得到港人的偏爱,很大程度上得益于其得天独厚的地理位置——紧邻罗湖口岸,使得刚踏上这片土地的旅客几乎无须费力就能即刻享受到逛街购物的乐趣。无论是寻找最新潮流单品,还是品味地道美食,抑或是感受一番不同的城市氛围,在这里总能找到答案。

漫步于人民南路,你将被一种独特的气息包围——那是最早融汇港式风情与深圳本土文化的交融之地。随着步伐向前,深铁汇坊丨深港融合商业街、汇金天琅、湖心公园等深港融合消费街巷以其现代而包容的姿态迎接每一位旅客,共同编织着属于这个时代的美好记忆。在这里,泸溪河桃酥、薛记炒货等品牌美食令市民魂牵梦萦,本土的特色烧腊、榴莲千层蛋糕等美味佳肴吸引着无数食客前来探寻。更为特别的是,每当金光华广场上空奏响

金光华广场

深港文化月活动

深港经典音乐的优美旋律时，罗湖深港文化月便如约而至，这不仅仅是一场文化盛宴，更是许多香港朋友心中不可错过的游玩选择之一。

连接深港居民的"情感码头"。 当夕阳的余晖温柔地洒在南湖之上，这里仿佛化身为一座连接深港两地情感的港湾码头。从宝安县村民过境香港耕作，到港商来深圳投资兴业，再到香港特区政府、专业人士来深圳交流互访，深港交流与合作早已覆盖了各个层面，无一不彰显出深港之间一衣带水、血脉相连的关系。特别是向西村、罗湖村，与香港渊源深远，两地居民情谊深厚。"重阳秋祭"是向西村的传统习俗，在每年重阳节前后，向西村的张氏后人都要到香港南涌和大鹏湾举行秋祭。秋祭时必须半夜起床，自己在家煮早饭、吃饱，然后自带午餐，一般是用米饭包着用盐腌制的鸡鸭肾做成的饭团，出发前往祖先墓地拜祭。深圳罗湖村与香港罗湖村同宗同源、根脉相连，在清明节、端午节等传统节日，深港两地村民围坐一圈，一边聊着家常，一边制作传统茶果，延续着传统风俗。烹制时，茶果外皮渐趋晶莹，似薄纱裹馅，内馅受热香味愈浓，肉香、葱香与糯米清香彼此缠绕，口感甜咸，葱香油润，惹人垂涎，吃上一口便唇齿留香。

在港籍居民占比高的小区里，港籍居民也是小区治理的主力军，他们将香港的优秀物业管理经验应用于此。例如，渔邨社区港逸豪庭业委会港籍居民占比高达80%，港籍业主们积极参与小区治理，他们通过议事协商，把以前困扰小区环境卫生、消防通道乱堆放等问题都解决了。在这里，渔邨社区也组建了全市首支港人志愿服务队，真正实现了"双向奔赴""共建共享"。

口岸经济·第三产业跨越发展

依托城区配套完备、交通便利、紧邻口岸等优势，南湖大力发展"口岸经济"，以旅游、餐饮住宿业等为代表的第三产业兴旺发达，现代服务业聚集发展，消费场景丰富多彩。

深圳旅游行业龙头的"汇聚地"——产业化、成熟度高的旅游业。想走遍世界的每一个角落，去见证自然界的壮丽与人文的深邃？来南湖报名加入一个旅行团便是不错的选择。南湖有全市首家旅游产业园——金威旅游大厦，拥有全区近 60% 的旅行社资源，规模以上旅行社企业数量 84 家，排名全市第一。走进一家旅行社，可以看到里面摆放着世界各地的旅游手册和纪念品，大屏幕上也展示着他们精心设计的多条旅游线路，包括引人注目的风景照片、详细具体的日程安排及价格透明的报价单，让人一目了然，感觉十分贴心和专业。旅客来到这里可以货比三家：深圳中国国际旅行社有限公司、国

旅（深圳）国际旅行社有限公司等60家知名文旅企业都可供选择，保证能选到一家可靠、专业且服务优质的旅行社。

藏在城市中的"烟火气"——数量大、实力强的餐饮住宿业。据统计，南湖街道餐饮住宿业单位总量常年居全区首位。"人间烟火气，美食在向西"，来到烟火气十足的南湖，自然要去品尝一下远近闻名的"向西鸡煲"。随机走进一家鸡煲老店，只见师傅熟练地将砂锅摆上火炉，十几分钟后，下油加入蒜瓣洋葱炒香，香味出来后，加上用独门酱料腌制的鸡肉，盖锅焖上等候。十几分钟后，开锅，再撒些辣椒，不断翻炒，此时已经香味四溢了。据鸡煲店老板所述，在20世纪90年代，有几位村民在打完篮球后，经常在村内吃鸡煲，刚开始吃起来总觉得不够风味，于是不断改良，最终独具特色、让人垂涎三尺的初代"向西鸡煲"便诞生了。他们当中有人嗅到了商机，大胆尝试，开了一家鸡煲店，生意火爆后，嘉宾路一下子开了5家店，成就了"向西鸡煲一条街"的美称。如今，向西村的美食也从最初的鸡煲发展到现在的猪骨煲、瓦罐汤、乌江鱼、猪肚鸡、小龙虾、脆皮烤鱼等美食品类齐聚，尤其到了夜里，在霓虹灯的映照下，街边的每一家家美食店都显得分外有烟火气。同样是在20世纪90年代，一位海南长大的马来西亚华侨黄亚斌怀着对家乡美食的情怀与创业的激情来到南湖，受母亲用椰青水与鸡肉烹制菜肴的启发，创立了第一家椰子鸡店——"肥佬椰子鸡"，首创选用海南新鲜椰青和文昌鸡，将二者巧

"向西鸡煲一条街"

妙组合，使椰青水的清甜与文昌鸡的鲜嫩相融合，碰撞出独特风味，最初便吸引了众多食客。

以产业经济为支撑，南湖街道也诞生了不少行业翘楚。其中，最为市民所熟知的莫过于国贸大厦和罗湖商业城这样的地标式建筑，它们不仅是深圳"敢闯敢试、敢为人先"精神的象征，背后更有一个缔造过"三天一层楼"的"工程师"——深圳市物业发展（集团）股份有限公司（以下简称"深物业集团"）。1982 年，伴随着改革开放的大潮，深物业集团从罗湖工程建设指挥部起步，作为国贸大厦的建设甲方运筹主导了国贸大厦建造运营的全过程，参与并见证了深圳经济特区由一片荒芜到如今高楼林立的蜕变过程。与此同时，南湖街道还有另一个不可或缺的角色——广深铁路股份有限公司。自 1984 年成立以来，这家公司就像一条连接城市发展的生命线，源源不断地为特区的发展输送动力，成为一家在上海、香港及美国纽约三地上市的铁路运输公司。2020 年，广深铁路凭借其卓越的表现跻身《财富》中国前500 强企业之列，成为业界标杆。作为广深铁路历史最悠久的列车之一，广九直通车见证了无数乘客的故事，承载了几代人的记忆，它的退出虽然标志着一个时代的结束，但同时也预示着未来将有更加先进、高效的铁路服务等待着广深铁路股份有限公司去探索。

在南湖街道这片充满机遇的土地上，不仅商业地标熠熠生辉，还孕育了一批杰出的企业家。他们的经历如同一个个生动的传奇故事，激励着后来者不断前行，佳宁娜集团名誉主席兼创办人马介璋便是这样一位领头羊式的人物。作为最早一批来到深圳投资兴业的港商之一，马介璋从纺织服装的小生意做起，逐渐将目光转向了餐饮业。他创立了内地第一家大型港资潮州菜酒楼——深圳佳宁娜大酒楼，随后更是在广州、北京等地扩展业务，缔造了一个横跨多地的中餐饮食"帝国"。另一位同样令人敬佩的企业家，则是被誉为"百货零售业大鳄"和"百货界之王"的黄茂如，当年32岁的黄茂如抓住了深圳两大商业中心"老东门"和"华强北"改造升级的机遇，带着他的第一间"茂业百货"入驻东门商圈。此后，黄茂如深耕零售市场，不断创新商业模式和服务体验，使茂业品牌迅速崛起，成为当时深圳的商业标杆。

南湖精神·深圳速度特区标签

　　繁华、热闹、港风是刻在很多深圳人DNA里的"南湖印象"，与此同时，南湖还有着另一面——改革开放的因子丰富。"深圳速度"的代名词——国贸大厦，"共同富裕"的象征、全国最早的"万元户村"——渔民村等红色旅游景点也是"南湖印象"的重要组成部分。南湖独有的改革开放特色旅游精品路线串联起一个个具

红色旅游景点——渔民村村史馆

有时代意义的地标，让每一位市民游客都能在行走中亲身感受那段波澜壮阔的历史。

"深圳速度"的代名词——国贸大厦。1984 年 3 月 15 日，一篇名为《三天建设一层楼，深圳国际贸易中心大厦建设速度达世界先进水平》的文章通过新华社向全球发布，自此"深圳速度"享誉世界。文章的"主人公"——国贸大厦，高 160.5 米，是当时中国最早建成的综合性超高层楼宇，曾有"中华第一高楼"的美称。施工过程中创新采用了当时国内尚无先例的大面积内外筒同步液压滑模施工技术，从一开始滑模试验的失败到第四次试滑成功，从最初 7 天一个结构层，再到 30 天连上 10 层，"三天一层楼"的"深圳速度"由此诞生。有一句话说："不到国贸，

国贸大厦

不算来过深圳。"许多游客来到深圳，都会慕名前来国
贸大厦参观留影，再登临国贸大厦 49 楼的旋转餐厅喝喝
早茶，从高处远眺窗外美景。如今，国贸大厦依旧赓续
着改革开放精神，助力辖区经济蓬勃发展，吸引了中建
材物资有限公司、深圳奇迹智慧网络有限公司等建材、
互联网等多类别企业入驻，涵盖了国有、私营、港资等。
2020 年 9 月，深圳国际贸易中心历史陈列馆在国贸大厦
42 楼落成开馆，成为全市又一个具有重要意义的改革开
放和爱国主义教育基地。

**"共同富裕"的象征、全国最早的"万元户村"——
渔民村。**作为全国最早的"万元户村"，渔民村先后迎

来了邓小平、胡锦涛、习近平等党和国家主要领导人莅临参观考察。一个占地仅 0.25 平方千米的"渔村"，在改革开放的春风下，逐渐成为"共同富裕"的象征，是"春天的故事"的最佳注释。1949 年以前，渔民村村民从东莞一带漂泊到罗湖犁头尖，他们以船为家，以捕鱼为生，被戏称为"水流柴"。深圳经济特区建立后，这里拉开了"奇迹般"快速发展的序幕：村民充分利用渔民村的地理优势和深圳经济特区政策，全力参与罗湖大开发。仅 1 年后，渔民村年集体收入高达 60 多万元，每户年平均收入达 10588 元，在全国率先成为"万元户村"。2012 年，习近平总书记来到渔民村考察时，对着村民们说："这是历史性的跨越！看到你们生活过得好，我非常高兴！希望你们用勤劳的双手创造更幸福的生活。"如今，渔民村人牢记嘱托，从原来的"万元户村"成为"千万元户村"，这不仅仅是财富的增长，更是幸福指数的提升。

"渔"你成长小屋托育点让带娃不再有压力，长者服务中心每天充盈着老年人的欢声笑语，端午节大家一起裹粽子，中秋节邻里一同吃"大盆菜"……这一派幸福祥和的景象发生在渔邨社区党群服务中心里，这也是渔邨社区描绘"民生七优"动人画卷的生动体现。这里汇聚了"党建＋政务＋医疗＋养老＋文化＋教育"等全方位的服务，为居民们提供了便捷的一站式体验。渔邨社区党群服务中心不仅仅是一个服务阵地，更是一个群众"愿来、爱来、常来"的温馨家园。

发现另一个深圳

深圳78街「全景画像」（罗湖）　　南湖街道

渔民村

经济合作·窗口引领先行示范

在那个朝气蓬勃的 20 世纪 90 年代，深圳经济特区轰轰烈烈的建设氛围感染着全国，"走出去、富起来"，各省市政府纷纷成立驻深办事处，通过深圳"窗口"乘上了对外开放的"快车"。作为深圳发展最早的城区之一，南湖便成为驻深办扎根的首选之地。

全市驻深办数量最多的街道。 凭借得天独厚的优势，南湖街道一度聚集超 20 个省、区、市、部队机关驻深办事处，如湖南驻深办、重庆驻深办，等等。其中，第一个设立的是湖南驻深办，因进出口贸易需要，湖南省对外贸易局就在南湖设立了临时机构，组织湖南供港澳和远洋的鲜活商品和土特产品的购销和出口。"湖南围"这个地方原来是湖南外贸的生猪仓库，后来变成如今的"芙蓉宾馆"。改革开放后，湖南驻深办开各驻深办之先河，与街道密切联络，为深圳与各地交流搭建起便捷、高效的桥梁，让改革开放成果辐射全国，起到了先行示范的作用。

多地经济合作成果的交会之处。 在各地驻深办的助力下，南湖街道汇聚了多地经济合作成果资源。在云南驻深办的牵线搭桥下，"云品出滇入粤"，盛世佳创中心茶叶市场成为重要的茶叶交易集散地。随着茶产业的不

湖南驻深办引进的深圳第一家五星级酒店

断壮大，国内较为知名的茶企八马茶业横空出世，其线下门店超3400家，在金砖峰会厦门会晤、迪拜世博会等重要国际场合中，多次成为中国茶叙代表。湖南驻深办联动湖南各市州驻深办、驻地商会等单位，深化两地经济合作，推动多个产业转移项目落地湖南，同时也吸引了湖南省唯一一家国有控股证券公司的子公司——财信证券落地南湖。如今，随着时代发展和机构改革，部分省份对办事机构进行了调整，省级驻深办有所减少。虽然有些驻深办已不在，但它们作为深圳经济特区"大窗口"下的"小窗口"，见证和参与了深圳的改革开放进程。

文化宝地·传统文化历久弥新

在城市发展中，有一些地方承载着岁月的厚重与文化的传承，它们宛如隐匿于繁华都市中的明珠，散发着独特的魅力。向西村和罗湖村便是这样的存在，不仅有着悠久的历史底蕴，还在时代的浪潮中积极探索，将传统文化与现代发展相融合，在城中村的变迁里，在粤剧的传承中，在艺术大师的故事里，书写着属于自己的精彩篇章。

古韵村落在此传承发展。古色古香的张氏祠堂，厚重的族谱，诉说着向西村 630 多年的悠久历史。随着改革开放和经济社会的发展，它成为深圳首个被征地的行

向西村牌坊

政村。始建于明洪武元年（1368年）的罗湖村，至今更是有着640多年历史，它由袁氏族裔从东莞温塘南迁聚居而形成。据历史记载，罗湖村曾因地势低洼且靠近深圳河，一下暴雨就遭遇水灾，所幸洪水易涨易退，如箩筐装水，因此得名"罗湖"。如今，两个城中村在城市发展中依旧保持传统本色，在重要的传统节日，以"大盆菜""围头佬"等传统美食为媒介，让村民代表、宗亲代表围聚在一起，用传统文化提升村集体凝聚力，共聚乡情、亲情。

传统古粤剧在此奏响新章。改革开放初期，罗湖口岸是深圳粤剧活跃之地，口岸周边的粤剧社曾接近100家，每天过关来

粤剧文化活动

唱曲的票友超 1000 人。据说，当时早期的曲艺社是香港人开设的，主要为承接香港的戏迷消费需求。后来随着时代的发展和文化传播形式的改变，许多曲艺社渐渐淡出了人们的视野。如今，南湖新艺粤剧曲艺团与时俱进，以粤剧粤曲为载体，结合新时代的群众需求，编写了《幸福渔村》等群众喜闻乐见的文艺节目，继续书写着南湖新的粤剧文化情怀。

国画大师袁机在此扎根隐居。出生于罗湖村的国画大师袁机，凭借强烈的爱国爱乡情怀、淡泊名利的品格和朴素高洁的画风，成为我国岭南画派的代表人物之一。袁老精通绘画、篆刻和书法，其作品题材类型丰富，涵盖山水画、花鸟画、国画等不同风格。他先后在上海群众艺术馆和上海图书馆工作，他的国画作品《万众一心》被日本东京博物院（即今日本东京国立博物馆）收藏，条目和作品也被《中国美术年鉴》收录。他的作品对审视现当代岭南艺术，推动深圳本土原创艺术创作具有积极影响。为了更好地保护、研究袁老的作品，挖掘其潜在的文化艺术价值，罗湖村于 2015 年创办了深圳市首家村办美术馆——袁机美术馆。走进美术馆，参观者不仅可以鉴赏袁老的众多艺术作品，还会被"清廉正村"廉洁文化墙吸引，近距离感受廉洁文化与村史村俗、先锋人物故事相融合的艺术魅力。"崇德尚廉"在基层蔚然成风。如今，呈现书法、国画等艺术门类的袁机美术馆也逐渐成为具有村史特色的"罗湖清廉地标"。

生机盎然，商业若翼，振翅欲飞。南湖立于发展潮头，凝聚各方活力，使社区共建的曲目奏得更和谐，使宜居街区氛围更温馨。一个蓬勃的南湖已然稳步前进。

笋岗街道
Sungang Subdistrict

笋，寓意着生生不息、节节高升。绵延生长了 600 多年的笋岗，见过烟火繁盛的深圳墟，亲历边陲小镇的破茧重生，曾在春天的交响乐中以嘹亮鸣笛相和。如今，作为罗湖"二次创业"的主力军，这片土地正以春笋怒发之势，于奔涌湍急的时代江流中破浪而出，焕新升级空间，集聚特色产业，带动潮玩消费，勾画罗湖城区高质量发展的新名片，一个全新的罗湖 CBD 正乘势而上。漫步笋岗，映入眼帘的是宝安北路到梅园路的现代化高楼和繁华商圈，即便是在罗湖长大的深圳人都会惊讶于眼前这片街区面貌的巨大变化。如今的笋岗，城市最美天际线在这里不断刷新、

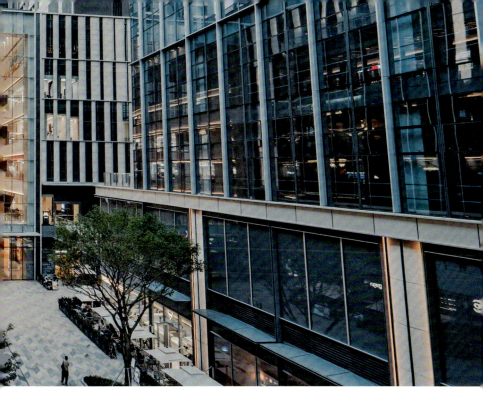

生长，城区蝶变纹理在这里触手可及，商圈鼎沸昼夜不息，人间烟火汇聚于此。穿越历史的那片竹林，让我们一同走进笋岗。

摊开深圳地图，以红岭北路为界，笋岗街道与福田隔路相望，位于罗湖与福田双中心交会处，布吉河、笔架山河、广深铁路从辖区中部穿过；常住人口约 9 万人。笋岗—清水河片区是罗湖第一批列入深圳市重点发展的区域，2023 年，根据深圳市发展和改革委员会发布的《深圳市总部经济集聚区布局规划》，它被定位为红岭北现代商贸总部经济集聚区，是罗湖区委、区政府明确的"家文化主题消费街区"。

昔日中华第一仓 今日罗湖新客厅

笋岗街道

笋岗街道位置示意图

人文荟萃的"中华第一仓"

　　翻开名为"深圳考古"的旧时书卷，笋岗的历史可追溯到600多年前。元末明初，岭南名贤何真迁居于此，因山岗长满竹笋，有感而发取名"笋岗村"，如今在村口还能看到题有"笋得甘露绿竹成林年年旺，岗映朝晖青山叠翠代代春"的藏头楹联。走进笋岗村，为纪念何真而建的元勋旧址（又称笋岗老围）远离都

元勋旧址

市喧嚣安然矗立，在快速前进的时代静静述说着顽强不息的生长录。这里既是罗湖区唯一的省级文物单位，也是深圳地区少见的广府围村建筑。如果说，镌刻了历史记忆的古建筑代表着笋岗的前世，那么远近闻名的"中华第一仓"、洪湖百亩荷塘等城市印记则记录着笋岗的今生。古今交织的印记共同延展着这一区域的未来梦想。

历经风雨 50 载的"供港生命线"。 历史上，笋岗作为编号为 751、753 及 755 次的列车的重要中转站，是当时内地鲜活商品输往香港的仓储基地。为了配合"三趟快车"的监管需要，

历史上的"三趟快车"

1962 年，当时的九龙海关在笋岗铁路北站派驻海关工作组，那是笋岗海关的最初雏形。1988 年，海关总署在笋岗铁路口岸设立了内地首家出口监管仓库，各类鲜活产品运抵口岸后直接进入铁路沿线的仓库，经过消毒程序后于次日凌晨运送香港。2010 年，供港"三趟快车"光荣退役。48 个春秋间，它保证了香港市场鲜活产品的供应，被亲切地称为"香港同胞的生命线"，而笋岗亦是这段峥嵘岁月的见证者、参与者。

创造多项全国之最的"中华第一仓"。20 世纪 80 至 90 年代，高峰时期的笋岗——清水河仓库区一天就有来自湖南、新疆等地区的牛羊猪约 5000 头，鸡鸭鹅等禽类

20 世纪 80 年代的笋岗仓库区

则达到三四万只，区内曾一度容纳 120 多栋标准仓库，年货物吞吐量最高时达 400 万—500 万吨，成为全国最大的多功能现代化商业化仓库区，来自世界各地的货物如同潮水一般涌入这里，又从这里涌向全国各地。笋岗—清水河仓库区享有国务院发展研究中心认定的"全国最大的多功能现代化商业化仓库区（1949—1995）"及"全国设立最早规模最大的出口监管仓（1949—1995）"两项"中华之最"称号，是名副其实的"中华第一仓"。以惊人速度拔地而起的仓库，应和着深圳向前奔跑的轰鸣之势，成为深圳城市建设史中的一个经典符号。

来深奋斗者的"第一站"。日历往前翻，那些年，许多背着行囊走出深圳火车站的人逐梦起点都在笋岗，只因这里坐落着一个巨大的"梦工厂"——深圳人才大市场。位于罗湖宝安北路的深圳人才大市场成立于1997年，一开业就人气爆棚，5000多平方米的招聘大厅以及楼下的大广场上人山人海，到了招聘旺季和毕业季，各路英才纷至沓来，热闹非凡。深圳人才大市场的前身是深圳市人才智力市场，是我国第一个常设型人才市场。在人才市场内，用人单位可以根据自身发展需求公开发布招聘岗位信息，应聘人员可以结合自身实际，自由寻找、自主应聘。深圳人才大市场的运行，开启了招聘应聘双向选择的人才交流机制，在劳动力的市场化配置方面进行了积极探索。当时，深圳人才大市场是各地人事劳动部门代表来深圳

深圳人才大市场

学习的"首选地"。加上罗湖区人才市场、中南人力资源市场等，宝安北路成为深圳的"人才一条街"，无数来深奋斗者的圆梦之旅都在罗湖笋岗写下开篇。

深圳人的"文具小义乌"。在网购不发达的年代，几乎每个深圳小孩都有一个周末去笋岗"买买买"的心愿清单。自20世纪90年代以来，笋岗文具玩具批发市场发展成为深圳最大型的集文具、办公用品、体育用品、玩具礼品、日用百货于一体的专业市场，记录着无数孩子的成长足迹，承载着无数深圳人的温暖回忆，是他们心中的宝藏角落：琳琅满目的货架上摆满少年的神奇幻想，五花八门的时新文具装满童年的背包，变形金刚、芭比娃娃、智力积木总是今天到货明天就脱销，拉风的奥特曼书包、款式丰富的笔记本、精致的双层笔盒、斑斓的荧光笔……这里应有尽有。笋岗文具玩具批发市场历经20余载人气不减，每逢节假日都人头攒动、热闹非凡，还有不少香港游客慕名而来。曾经跟在父母身后忙忙碌碌寻宝藏的孩子，长大后带着自己的孩子来寻宝，仍不免感慨这里的勃勃生机。"小物件"也有"大市场"。

自然与人文交融的"城市绿洲"。笋岗蓬勃鲜盛的人文内核同样富有魅力，洪湖公园就是最佳写照。洪湖公园是全市少有的以荷花为特色主题的公园，春临洪湖，繁花织锦，翠柳拂堤，湖波荡漾泛起阵阵涟漪，园内美景似梦幻画卷徐徐展开；夏季蝉鸣醋时，百亩荷花竞相绽放，红白相间的花朵在绿叶青池的映衬下

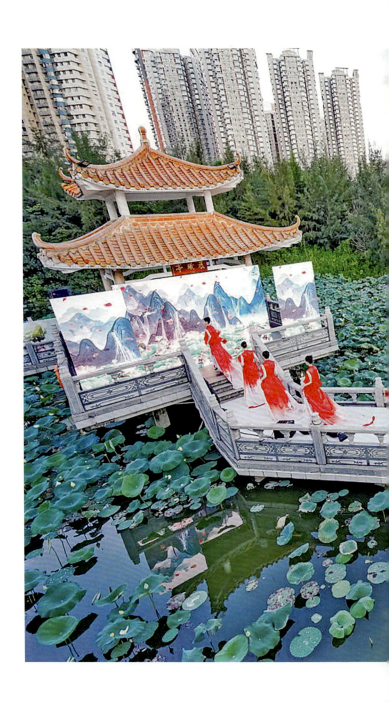

深圳 78 街「全景画像」（罗湖）

笋岗街道

洪湖公园荷美生活月

显得格外娇艳，时有蜻蜓停枝、鹭鸟飞掠，微风吹过，满池粉绿摇曳荡漾，让人心扉沉醉；秋至，金风拂过，2000平方米的落羽杉林"红妆"加身，落叶缤纷，鸟雀驻梢嬉闹，别有一番风味；冬日里，公园虽少了绚烂色彩，却有寒鸭戏于静水，暖阳洒在亭台，静谧中满是安宁。四季洪湖，皆蕴诗意。1988—2024年，洪湖公园成功举办了34届的荷花展，成为深圳人每年翘首企盼的限定花事。花展期间，公园里白天随处可见前来赏花游乐的市民游客，扛着"长枪短炮"的摄影爱好者聚集于此捕捉动人光影；到了晚上，烟雾缭绕、光影交错，人影花影相映成趣。深圳首个由公园自筹自建、自主运营并对外开放的公共艺术馆——HI洪湖艺术馆也坐落于此。藏在荷塘深处的荷美空间·荷合书院，曾被评为"湾区最美公共文化空间"，城市的柔软关怀和生态之美在洪湖公园展露无遗。

全面焕新的罗湖 CBD

时光荏苒，城市更新，笋岗的城区面貌也在不断"上新"。2015年，乘着罗湖区城市更新改革试点的东风，笋岗片区先后落地14个规划项目，约350万平方米的高品质建筑空间在这里抽穗秀出。目之所及，招商中环、宝能中心、深业泰富广场、华润万象食家、城脉中心等 8 个重点项目已建成；展望未来，城建梅园、中洲坊、周和庄、信荣汇等新地标也将相继亮相，各大项目连点成片，城区面貌焕然一新。热土之上，笋岗的蝶变"魔方"正在多面上演。

坐拥疏密相宜的天空之城，空间向云端跃升。高耸入云的摩天巨厦是解锁深圳速度的重要编码。2022 年，388.3 米高的城脉中心落成，在同年举行的 CTBUH（世界高层建筑与都市人居学

城脉中心

会）全球大会上获得 2022 年世界建成最高建筑认证。笋岗成为罗湖新的城区封面，无缝连接福田、罗湖两大城区，不必攀登高山也能看到绮丽日落，在城脉中心便有追日的美妙体验。不久的将来，高达 407 米的城建梅园会在红岭北路与泥岗东路交会处破土而出，作为深圳市创新金融总部基地，将打造成服务科技创新企业的金融总部基地集群，跻身鳞次栉比的城市森林，傲视晴空。营收超百亿的中国人保（深圳）金融大厦，作为人保集团的示范项目，更是笋岗片区"新罗湖会客厅"的地标项目，集聚了太平财险、中融寿险等众多知名保险机构，成为红岭新兴金融产业带发展的强力引擎。

重塑宜居宜业的城市肌理，空间向品质进阶。笋岗凭借丰富想象、无限潜力和真金白银的投入，勾画出多元、鲜活、温馨、便捷的未来生活图景。梦，正在一步步实现。通过"新罗湖会客厅"城市更新项目（获评 2024 年设计界奥斯卡奖项——美国缪斯设计奖金奖），街区的绿化、道路体系、慢行系统、灯光亮化、建筑外立面得以精雕细琢，"中华第一仓"再次焕发生机。当夜幕降临，华灯初上，800 米城市星光跑道恰似一条活力的动脉，伴随着"慢跑达人"的节奏一同律动。1200米的空中连廊犹如城市的空中桥梁，巧妙地串联起地铁、办公、商业、住宅与公园等多元要素，市民朋友穿梭其间，仿若置身于城市的立体画卷之中，感受着空间与功能的无缝衔接与流畅转换。原有的仓储区域实现了华丽转身，已逐步升级成为错落有致的大型城市综合体。宝能环球汇、华润万象华府、城建梅园等集聚着高端写字楼、特色商业MALL和品质住宅小区；招商中环、安居锦园、深业泰富广场等新落成建筑群配建了大量人才公寓。笋岗正以其核心的地理位置、高品质的空间塑造、便捷的交通网络、完善的生活配套和优美的居住环境，吸引络绎不绝的人才。梧桐引凤，温巢以待。

深业泰富国际家居广场

揭幕"巨无霸"笋岗客整所综合上盖项目，空间向立体拓展。在罗湖区极具产业价值和开发潜力的 TOP 级项目中，笋岗客整所综合上盖项目首屈一指。这是全国首例在既有运营铁路路段上加建盖板，进行综合上盖开发的项目。根据规划，项目建筑面积约 150 万平方米，总投资数百亿元，建成后将演绎独具一格的城市美学典范。项目运用"城市修补、生态修复"的理念，未来将打造现代时尚和商贸业总部基地，形成以城市级公园、文化设施为核心，融合酒店、商业、产业的超级城市公园综合体，助力深圳"山海连城"建设，刷新人们的想象。

笋岗客整所综合上盖项目

产业云集的发展新高地

"士别三日，即更刮目相待。"让我们把目光从云端收回，放眼今时之笋岗，蓄势待发的仓库建筑群悄然蜕变成为商贸沃土，孕育出汽车、家居建材、工艺美术、文具礼品批发等特色商贸业态，繁星点点，汇聚成璀璨星河，打造永不落幕的活力片区。随着产业空间的充分释放，金融业、建筑业等传统优势产业快速集聚，专精特新企业扎根成长，一个产业集聚、流量无穷的活力笋岗正闪亮登场。

全球最大二手车交易展厅。你听说过专门为汽车而生的建筑吗？穿过桃园路和梨园路的交会点，一幢通体玻璃幕墙的弧形建筑映入眼帘——澳康达名车广场。作为"全球最大二手车交易展厅"的吉尼斯世界纪录保持者，全球二手车交易市场的"独角兽"和"领头羊"，近7.3万平方米展厅集纳了100余家汽车品牌、超500种车型。置身于澳康达名车广场展厅，震撼感受扑面而来。在这里，劳斯莱斯、宾利、法拉利等一众顶级豪华名车可"零距离试驾"，是汽车发烧友消费高档汽车的首选地。市民朋友直呼其是"名车超市"，不禁感叹："逛一次澳康达名车广场，相当于逛了100家4S店，可以看遍世界名车！"除澳康达名车广场外，笋岗还汇聚奔驰、宝马、特斯拉、腾势、蔚来等一众高端汽车及新能源汽车品牌，构成丰富的汽车业态品类，为消费者提供一站式购车服务体验。

澳康达名车广场

高端品牌家居产业汇集高地。到笋岗逛一逛家居，几乎是每个深圳人入住新家前的"心愿清单"。作为深圳家居产业策源地和集聚地，笋岗片区现有八大家居建材专业市场，经营面积约 47 万平方米，云集宝能·第一空间、深业泰富国际家居广场、百利玛等各类家居建材主题甄选场馆，荟萃全球顶端奢华家居品牌，集结了来自世界各地的优秀设计师，集聚全球 1000 余家高端家居、建材、软装品牌，形成涵盖建材、家装、设计等领域的家居全产业链。如今，这片家居产业高地正源源不断注入科技动能，家居"黑科技"层出不穷，不仅有能"止鼾"的智能床垫，还有"拯救坐姿"的设计躺椅、"长出座位"的神奇沙发……以"智能家居"为新钥匙，开启一个高端化、智能化、绿色化发展的智能家居产业集群高速发展新时代。

极具特色的工艺美术聚集地。"家里房子倒过来，能掉下来的东西在这里都能买到。"在笋岗，想象和现实常常并肩而行。笋岗工艺美术集聚区，是国内目前最大的软装设计、工艺礼品设计的展示、交易基地之一，堪称"亚洲软装大全"；是设计师们采购频次最高的装饰艺术产业首选平台，被视作全球各地软装设计师的"朝圣地"。其中，ADC 艺展中心坐拥 20 万平方米装饰艺术空间，连续 19 年承办深圳"文博会"分会场，是全国各大院校设计和艺术类学生的研学实习基地，被广东省和深圳市两级政府授予"文化产业示范园区"称号。走进艺展中心，仿佛置身于一个美轮美奂的艺术家居王国。这里汇聚了1650余家国内外家居品牌，从精美的工艺礼品、时尚的家居饰品，到高雅的艺术家具、绚丽的灯饰布艺，再到充满韵味的花艺画艺、禅茶香道等，应有尽有，让人目不暇接。

走在前沿的创新金融产业发展区。铺开深圳金融产业版图，红岭新兴金融产业带一定是未来可期的"流量小生"。该产业带是一条不折不扣的"黄金带"——深圳三大重点规划金融产业集聚区之一，而笋岗正位于这条"黄金带"上，作为金融便捷服务的"前沿阵地"，无数优质金融机构接踵而至，中国人保、国任保险、太平保险、华安保险、开泰银行、浦发银行、深圳市高新投等纷纷入驻。值得关注的是，全国首个数字人民币产业园也在笋岗启幕运营，进一步推动数字人民币从"应用试点"转向"应用生态"，助力笋岗打造数字人民币产业集群，成为数字经济交会地。

知名企业总部经济集聚区。随着城区产业的不断发展，越来越多企业的总部"大脑"落户笋岗：中国燃气、港华燃气、宝安集团、中建深装、澳康达集团、德瀚投资、科源建设集团、华运国际物流等企业总部陆续落户；深圳人才集团也锚定笋岗，与罗湖区政府共同打造粤港澳大湾区人才创新园；全球领先的半导体和产业集成企业闻泰科技即将入驻……通过总部企业的辐射

宝能·第一空间

红岭新兴金融产业带

带动，片区企业生态欣欣向荣，总部经济的"乘数"效应初步显现，持续吸引带动产业链上下游优质企业布局罗湖。

活力涌动的消费乐聚场

倘若有一份"罗湖不夜城潮玩排行榜"，用来评估当下年轻人探索和享受生活的热门目的地，笋岗绝对名列前茅。如果说产业是发展的硬核驱动，那消费就是激发都市发展的活力律动。笋岗紧跟新潮流新趋势，构建休闲、居家、商务等多元体验式消费场景，华润万象食家、宝能环球汇、HALO广场等Shopping Mall集结众多特色酒吧、潮流咖啡、创意工坊、网红餐厅等，为都市夜归

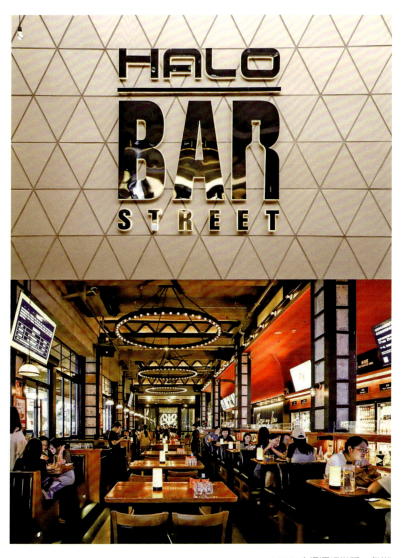

HALO 广场酒吧微醺一条街

人寻一处心灵栖息地，解锁都市弄潮儿的"流量密码"。

一键开启的都市夜生活。白天的笋岗热火朝天，夜色下的笋岗热情不减，一键开启都市夜生活，微醺、美食、音乐……无数星光赶路人都能在这里得到身心的双重慰藉。位于 HALO 广场 3 期的酒吧一条街像一位名副其实的"甜妞"，北有桃园路，南是柑园街，西临梨园路，东靠蜜园路，光看路名都觉得香甜可口，现已成为众多年轻人夜间"打卡"的"宠儿"。罗湖区宝能·第一空间的 JC Party. K，是唱歌、团建、聚餐的优选地，多个主题包间为全国首创，装潢新潮有趣、科幻感十足，入场仿佛置身"外太空"。由 20 世纪 90 年代电焊机械

JC Party. K—KTV

厂房改造而成的诺亚酒店，在保留部分厂房原貌的基础上，创新打造新派酒店创意空间，集住宿、咖啡厅、酒馆、设计商店、SPA、艺术展览等于一体，是年轻人的潮流聚集地。酒店内还有各种艺术展陈列和脑洞大开的衍生商品，满足客人的多样化住宿体验。

组团出圈的"MALL"届天团。都说深圳特产是琳琅满目、风格多变的商场，来到笋岗才知道"诚不欺我"——"MALL"届天团组队出圈，上新速度让人目不暇接。笋岗地铁站 A 口的华润万象食家是全国首个创新型市集购物中心，以"食"为主

华润万象食家

题，以"家"为表达方式，开创商业新模式，自开业起便人气爆棚，多家知名餐饮品牌争相落户，众多资深饕客闻香而至。在华润万象食家，品牌直营的四洲零食物语店让你享受超低折扣零食的同时重返童年时光，宜家设计订购中心的重磅"家"入，助力关于理想新家的设计灵感轻松落地。笋岗不仅是大人的能量补给站，还是小朋友们的"快乐星球"。宝能环球汇打造一站式吃喝逛游遛娃亲子优选地，室内卡丁车赛道蜿蜒、亲子小厨房增进亲子情、马术俱乐部带来优雅体验、DIY 手作工坊激发孩子创造力、沉浸式阅读空间提供知识海洋……众多趣味项目交织成"开在商场里的游乐园"，尽享亲子欢乐时光，满足市民多元需求，是难得的休闲娱乐社交好去处。

闪亮登场的颜值经济。爱美之心人皆有之，"颜值经济"乘风而起，笋岗紧跟潮流，借力罗湖区"医美十条"大兴美丽经济，招引有"爱美人士的白月光"之称的"深圳老字号"——深圳博爱曙光医院落户片区，为来此的爱美人士书写追求美丽蜕变的故事。如今，深港跨城消费热升温不断，笋岗街道通过开展"潮玩笋岗约定你""荷美生活月"等商圈文旅消费活动，吸引大批深港市民游客来笋岗消费，让"颜值"变产值，助力笋岗"颜值经济"蓬勃发展。

"笋得甘露绿竹成林年年旺，岗映朝晖青山叠翠代代春"，以城作书，翻阅前篇，回溯笋岗一路走来的点滴，每一段动人故事皆若星星在时光长河中闪烁；展开续集，笋岗以破竹之势打造活力满满、品质升级的"罗湖新客厅"，竹林蔚然，长风不息。

东湖街道
Donghu Subdistrict

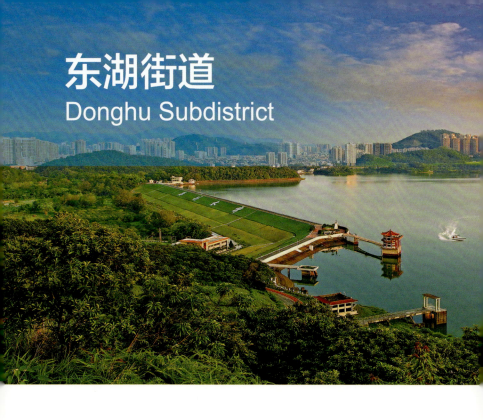

深圳78街
全景画像

　　清晨的梧桐山，云雾缭绕，曦光透过山峰，洒在深圳水库，洒在被称为"大半山水小半城"的东湖街道之上，低空"黄金航线"穿梭过绿道、碧道、公园、群山、花海、湖泊，生机与活力在这里尽展无遗。2022 年，央视春晚的舞蹈诗剧《只此青绿》火热出圈，而在深圳东湖，也有像《千里江山图》般绝美的绿水青山。这里，梧桐山青，水库映绿，城景交融，仿若诗画，目光所及，皆是青绿；这里，"低空+"飞出"新赛道"，"露营风"迎来"好蓬友"，山水"颜值"蝶变发展"价值"。

　　东湖街道成立于 1998 年 1 月，辖区总面积约 29.05 平方千米。东与盐田区接壤，南邻黄贝、莲塘街道，西接东晓、翠竹街道，北与龙岗区布吉、南湾、横岗、园山街道相邻。目前，常住人口约 10 万人，其中户籍人口约 5.5 万人，人口密度约为 0.34 万人 / 平方千米。街道下辖翠鹏、翠湖、东乐、布心、大望、梧桐山、金湖、金岭、金鹏共 9 个社区。如今，迎着灿烂阳光，乘着时代东风，从梧桐山麓到水库之畔，山水相映、城水相依、生态和美的"高颜值"绿色画卷在这里徐徐绘就。

飞越"梧桐之巅"邂逅"山水东湖"

东湖街道

东湖街道位置示意图

山海和合、万象共生的"鹏城第一峰"在这里昂然耸立

南海起高山兮，名曰梧桐。943.7米的标尺书写着深圳全域的最高海拔，独特的自然风光和丰富的文化内核成就了它经久不衰、深入人心的内涵。作为广东首个国家级森林公园和深圳唯一的国家级风景名胜区，梧桐山以其独有的山海湖一体、景城相融、纵览深港两地的景

观特色而声名卓著，更因其"鹏城第一峰"的美誉成为深圳人民的精神标识。

岁月梧桐。明代《广东通志·新安县》记载："梧桐山，在城东六十里（旧志四十里误），为一郡乔岳，有大、小梧桐两山，珠联璧合，如出一山，绵亘六十里，多梧桐异卉。"经深圳市植物专家调查发现，古人将山上"鬻蓢"错认为"梧桐"而得名，延用至今。

明末清初，大量客家人从闽赣粤山区陆续迁入惠州各县，其中一部分人环着山脉聚居，在如今的东湖街道扎下根来。300 多

鹏城第一峰

年来，繁衍不息，弦歌不辍，传承不止，形成了现在的大望、梧桐山社区等共 10 个自然村。如今，4 万多名居民远离喧嚣、悠然地生活在这里，畅享车水马龙的"钢铁森林"之外的自在天地。

旖旎梧桐。"凤凰鸣矣，于彼高冈；梧桐生矣，于彼朝阳。"梧桐山是国内少有的邻近市区，以滨海、山地和自然植被为景观主体的城市郊野型自然风景区，早在明代万历元年（1573 年），景区内的"梧岭天池"即被誉为"新安八景"之一。如今"梧桐烟云"以其变幻莫测的神秘景象荣膺"深圳新八景"之一。若有机会御风直上，俯瞰罗湖，广厦街衢、人海车流之外，梧桐山定是最令人挪不开的那一眼。连绵山峦似锦绣铺陈，巍

峨而挺秀，翠色欲流；绿道如灵动长蛇，在山间悠悠绵亘、蜿蜒盘旋；溪涧恰似活泼精灵，泠泠作响，水花飞溅，闪耀着晶莹光芒；广袤林海仿若波涛起伏，郁郁苍苍，繁茂无垠。当轻柔云雾被徐徐拨开，可见山头那一抹醉人的翠绿，羊肠小径在其间曲折通幽，清脆鸟语婉转鸣啾，似在引吭高歌，迎接远方来客，影影绰绰的登山之人于山林间时隐时现，仿若置身仙境画卷。唯有亲身涉足梧桐山之人，方能深切领悟，再多的影像与文字描绘，都难以企及亲临其境、登高眺望时，那瞬间扑面而来的震撼与美妙。

生态梧桐。一直以来，梧桐山都是一片生机勃勃的自然乐土。梧桐山里栖息着丰盛的生命物种，即使到了今天，延绵的山谷、潺潺的溪流、茂密的丛林，仍为难以计数的动植物提供了栖

梧桐山俯瞰图

息地。这堪称一座自然宝库，其野生植物种类极为丰富，涵盖 240 科 1419 种。众多珍稀植物在此生长，其中包括古老的刺桫椤、独特的穗花杉，以及土沉香群落。梧桐山同样是野生动物的栖息乐园，共有 24 目 64 科 196 种，还栖息着蟒蛇、鸢、赤腹鹰、小灵猫等国家一级、二级重点保护野生动物，它们在这片山林中繁衍生息，共同构成了梧桐山独特而珍贵的生物多样性资源体系。深圳最壮丽震撼的原生态森林花海景观——毛棉杜鹃花海就在这里。2018 年面积 20 多公顷的小梧桐"杜鹃谷"横空出世、惊艳全城，如今已成为深圳人民的共识——"如果错过了梧桐山的毛棉杜鹃，就错过了深圳的整个春天"。

深港梧桐。 从"小河弯弯"到潮起大湾区，见证"春天的故事"，深港始终同心同源。这里的"小河"就是深圳河。梧桐山正是深圳河的发源地，大梧桐主峰的山泉汇成"天池"，飞流直下"龙潭"，之后经龙珠山与八条谷渠集结成河，沿着深圳罗湖和香港新界之间向西延伸，流向深圳湾海面，成为历史上香港与深圳的"界河"。梧桐山本体更是直接与香港新界山脉相连、溪水相通，一旦登顶，仿佛踏入了一个梦幻的观景台。抬眼望去，深圳的全景如同巨幅绚丽画卷在眼前徐徐展开；目光向远方延伸，香港中环的部分区域也悄然映入眼帘，

梧桐烟云

共同融汇成双向奔赴的壮美诗篇。如今，"港式行山文化"的热
潮也蔓延到了梧桐山，"青春没有售价，梧桐山就在脚下"的口
号随之唱响，远足徒步的深港游客接踵而至，随时随地来一场从
钢筋混凝土之间逃离的归真之旅。

红色梧桐。梧桐山自然人文资源独一无二、丰富多样，红色
资源同样也珍贵而独特。1938年10月12日，日本侵略军在大亚
湾登陆，华南沿海大批国土沦陷。中共广东省委派曾生等人回到
家乡坪山，组建抗日武装——广东人民抗日游击队东江纵队，在
周边地区建立了东江抗日根据地，并决定开辟梧桐山游击区。梧
桐山游击区包括横岗西坑、梅沙、五龙山和香港一片，在抗日战
争和解放战争时期，成为东江以南地区的重要战略支点。依托梧

桐山游击区，罗湖人民组建起了地方武装"武工队"，在东江纵队惠阳大队的领导下采用游击战术对抗敌军，取得了重要成果。如今，大望村战役的故事依旧流传，黄昌磷烈士纪念碑让革命精神在这里守望传承，烈士们英勇顽强、一往无前的革命精神激励着梧桐山人继往开来、奋勇向前。

一方碧水、情牵两地的"深港大水缸"在这里生生不息

这里有因湖而名、依水而兴的"深圳东湖"。它位于深圳中部、罗湖区东北部，主要指东湖水库，即现在的深圳水库。作为东深供水工程的最后一站，它已成为深港两地最重要的饮用水库，街道也因此而得名。

红色水库历史在这里传承。20 世纪 50 年代，宝安县（深圳市前身）备受水资源困扰，几十万亩农田缺乏水利灌溉设施，常常"三天下雨受淹，七天无雨受旱"。1959 年 9 月 5 日，经当时广东省委、省政府批准，决定兴建深圳水库；1963 年 12 月，在当时国内物资极度缺乏的情况下，经周恩来总理特批，由中央财政拨付 3800 万巨额经费，建设东江—深圳供水工程。在当时，4 万多名工程建设者用最原始的锄头、手推车在坝上不分昼

夜艰苦奋战，施工人员喊出"要高山低头、让河水倒流"的豪迈口号，设计人员的施工图画好一张就往工地送一张，"画到哪里，工地建设就推进到哪里"，实现水库百日攻坚即成、供水工程一年奋战而立的盛景，进而彻底终结了受困于水的历史。春去秋来，水流不竭，如今，深圳水库旁边山坡上的"一定把深圳水库建好"标语依然鲜亮，那些鲜活有力的人和事不会被人们遗忘，数万建设者作出的伟大奉献亦不褪色。

深港合作情缘在这里接续。 20世纪50年代，另一边的香港也饱受水困之苦，居民生活受到极大影响，还严重制约着香港社会经济的发展。水库的修建同时解决了深港两地的用水难题。"深圳水库的闸口缓缓开启，清澈的水流奔腾而出，沿着渠道蜿

建设守护香港供水生命线的光荣团队——东深供水工程建设者群体

发现另一个深圳 深圳78街「全景画像」（罗湖） 东湖街道

深圳水库

蜒向香港奔去，就此正式开启了向香港供水的伟大征程。"1961年2月1日，深圳水库正式向香港供水，此后东江—深圳供水工程进行了4次改扩建，彻底解决香港居民用水问题。2000年8月28日，总投资约47亿元的东江—深圳供水工程四期改造开工，7000多名建设者投入800多个日夜，创下当时的"世界之最"。扩建后的供港水量比1965年翻了140倍，现在每年向香港供水超过11亿立方米，满足了香港80%的淡水需求。这条供水线成为深港两地的"政治水、经济水、生命水"。"清清的东江水，日夜向南流，啊流进深圳，流进流进了港九，流进我的家门口……"如今，一曲动人的《多情的东江水》再度响起，生动讲述着深港两地的历史渊源，也唱出深港两地的深厚情谊。

绿色山水风景在这里绘就。山无水不美，水无山不媚。深圳水库与梧桐山天然成就山环水、水映山的景象，可谓尽得山水之妙，如若人间仙境。从"上帝视角"俯瞰深圳水库，山体将约60.5平方千米的水面分割成一个个不规则的心形，连续的碧道、绿道带犹如一条"生态翡翠项链"，将景色一节节串起。

这里有绿道中的"千岛湖"——淘金山绿道，独立闹市之外、隐于山水之间，一路鸟语花香、两旁郁郁葱葱，登高更可将湖光山色尽收眼底；这里有"一路山水、一路文化"的梧桐绿道，沿途 15 千米的超长花带穿过野性美丽的原生态森林和背山而生的"小漓江"，还有山脚下的文艺小镇，春夏秋冬，四季皆有花景；这里有罗湖首条郊野碧道——正坑水碧道，可玩水，可溯溪，更可在水溅草长、碧谷流岚、风景如画的"银白栈道"肆意徜徉。如今，东湖已形成碧道与绿道交相呼应的生态廊道，真正实现一头连着生态环境，一头连着民生福祉，不断夯实的生态底色，也让居民"走得进山、亲得近水、赏得了城"。

梧桐山河碧道

追青逐绿、向美而行的"鹏城绿心"在这里"新"潮澎湃

"鹏城第一峰"梧桐山、"供港大水缸"深圳水库……在深圳城市版图正中心位置，一幅蓝绿生态底色饱和度极高的自然景观图尤为吸睛，这里正是"鹏城绿心"——大梧桐生态融合区。巍巍梧桐耸立，特色民居错落有致地镶嵌在青山绿水中；悠悠碧水流淌，东湖人民安居乐业的景象点缀在鸟啼蝉鸣间。12平方千米的绿水青山间，更有翱翔天际的震撼、山野露营的浪漫和畅

梧桐山上无人驾驶载人航空器载人观光试飞

享山水、归真见性的惬意。

翱翔云端，俯瞰湖山画卷。 在拥堵的早高峰打个"空中的士"上班，点一杯无人机配送的冰鲜冷饮，乘坐"飞行汽车"来一场低空观光游览……这些科幻电影里才有的场景，已经"飞入寻常百姓家"，正在变成深圳人的日常。在大梧桐生态融合区，城市空中交通运营中心似智能超核，以精算与强算织就无形科技网。"飞享梧桐"无人驾驶载人航空器观光项目，作为片区"商旅文"低空应用示范标杆，带来的梧桐溪谷、空中礼佛、大美梧桐三条观光航线，犹如三条飘逸灵动的生态绸带，轻盈地穿梭于青山绿水间，悠游于古寺幽林里。当你俯瞰东湖的山水在脚下潺潺流淌，仰望彩云悠然飞舞，饱览这如诗如画的景致，在这场青春与城市携手共舞、心灵与自由相互呼应的畅快遨游之中，收获独属于自己的难忘人生体验，那一刻，你定会由衷感叹不虚此行。

森系露营，尽享山野自在。 有山有水的地方，就是青春与快乐的聚集地。"风一吹，叶子就娑娑地摇，灿灿的阳光在缝隙间一闪而过，草是嫩绿色的，草地是碧色的，刚冒头的植物翠生生的。"只有亲身感触，才能细细体会。

对于深圳人来说，露营是放下一切疲惫、卸下一切喧嚣，是在自然和景色中重新获取元气的新生活方式，更是一种浪漫到极致的享受。而既能观山海，也能望星空的"鹏城绿心"，一个隐藏在深圳深处的宝藏露营地，就是您和家人朋友放松身心的绝佳

云栖望桐露营地

去处。这里集中引入了 8 个风格各异、特色鲜明的露营地，构建了全市最集聚、规模最大的露营地集群——大望梧桐露营地集群。在山水之外，更有无限精彩，非遗手作、潮玩集市、亲子游戏、户外野餐、音乐互动等，都为你而来。

漫游梧桐，乐享文旅"大餐"。好看的皮囊千篇一律，有趣的灵魂万里挑一。出游的期盼，不仅是于山水名胜间"打卡"，更是徜徉于村落民居道巷、体验当地文化活动、品味辖区特色美食……从脚步丈量，到深度体验，再到触摸文化脉搏，在东湖"慢下来"的生活体

2024 年第二届梧桐山音乐会

验是你流连忘返的宝地。

在这里，5 万余株毛棉杜鹃铺展成一片浩瀚花海，超 40 公顷的绚烂盛景如绮霞落于城中。杜鹃花艺艺术展内，繁花似锦；摄影与短视频大赛中，光影交错；自然教育与赏花专场里，于花香鸟语间领略自然奥秘；"汉服表演"与"花间雅集"活动现场，衣袂飘飘，古韵悠扬，系列活动交相辉映，目不暇接。在这里，梧桐山音乐会，余音袅袅，萦绕山间；梧桐绿道欢乐跑，活力四射，自由自在；梧桐山踏青登山活动，亲近自然，尽享青春。在这里，粤菜、湘菜、客家菜等菜系汇聚一堂，亦有特色素食餐厅集群，依时令节气出餐，食材本味鲜甜尽显，食客于一粥一饭可感自然恩泽之妙，岁月变迁，舌尖美好就此铭记心间，回味悠长。

"值"此青绿，"两山"转化未来样板。绿水青山如何变成金山银山，大梧桐生态融合区的更好保护与更好发展何以兼得？"绿色低碳""生态文旅"脱颖而出。漫步其中，这里的每一处景致、每一种体验都在诉说着一个故事，一个关于自然之美、人文之魅、生活之趣的故事。在这里，你可以乘坐无人机穿越湖光山色；听导赏员科普沿路万象梧桐；与书法名家、艺术大家一起自由创作；跟三两好友用一顶帐篷，撑起"诗和远方"，体验多种乐趣。

文化强城、山水连城的生态趣城在这里相融相促

景与文化和谐共融推动人与自然和谐共生。大梧桐丰富的生态基底在这里孕育出独特的生态文化，闪亮的文化又与这片山水相融相促，让东湖的山水更加灵动、更具生命力。

赏兰科文化——探寻君子之花的独特魅力。她是屈原《九歌》里的"春兰兮秋菊，长无绝兮终古"，她是陶渊明《饮酒》中的"幽兰生前庭，含薰待清风"，她

深圳市兰科植物保护研究中心外景

是郑板桥笔下的"此是幽贞一种花，不求闻达只烟霞"，她就是深受深圳市民喜爱的"花中君子"兰花。

东湖有这么一处被称为"中国兰谷"的地方——深圳市兰科植物保护中心，是世界上保存中国兰科植物物种最多的基地，汇聚了2000余种珍稀兰科植物和1000余种蕨类植物。走进占地800多亩的兰科中心，这里宛如一处遗世独立的幽谷仙境，从梧桐山上流下的泉水环绕在植物园中，各种兰花热情盛放，让人目不暇接。置身于此，不仅能探寻兰花之灵韵，更能品味文明之精髓。如今，越来越多的珍稀濒危植物在这里得到人工扩繁并回归山野，一艘绿色"诺亚方舟"正在东湖加速建成。

悦零碳文化——"打卡"绿色创新的顶流公园。 如果你问一个深圳人：周末最喜欢做什么？你得到的答案可能会有很多，但一定会有一条——逛公园。理由也很简单，包罗万象且离家近。东湖就有这么一个能100%满足深圳人期待的"梦中情园"——翠湖文体公园，总面积约24.7万平方米，精心设计7大空间18个景点：想欣赏山水的，可登上翠湖烟雨观景亭，享受最佳视野；想运动健身，有悦动球场、悦动廊桥；想在都市中

翠湖文体公园

体验田园生活，有农耕乐园；想遛狗遛猫，有萌宠乐园；想露营办"趴"，有拾光草坪；想开展科普，有翠湖课堂；想喝杯咖啡、畅想生活，有翠湖驿站；想举办大型活动，有翠湖广场；等等。可以说，你想要的都在这里。

走进公园，满目皆翠、赏心悦目，"高颜值"已无须赘述，"高阶"的"零碳"才属于这座苦下内功的公园。定制化技术体系，全生命周期"零碳排放"，高碳汇植物群落，让你在闲庭信步中大口呼吸草木的自然香氛。如今，翠湖文体公园以高颜值、高品质、多功能的特点迈入本地文体"顶流"，成为众多市民踏青遛娃的首选。

品艺术文化——沉淀创意灵感的世外桃源。在梧桐山的怀抱之中，静卧着一方仿若迷你版"曾厝垵"的诗意天地——梧桐山艺术小镇。它宛如一条灵动的分界线，一头系着城市的繁华烟火，一头连着自然的清幽宁静，艺术与自然恰似双生花，在此处毫无雕琢地相拥相吻，绽放出独一无二的魅力光华。瞧，书画大师肆意挥毫泼墨，笔锋游走如龙蛇；雕塑家专注于黏土与石块之间，刻刀仿若灵动的精灵；皮影艺人的双手翻动间，光影交错，故事纷纭；泥人匠十指轻捻，栩栩如生的泥人便跃然而出。如今，这里人流如织，艺术荟萃。广东省电影创作培训基地、广东省美术家协会水彩画艺术委员会梧桐山写生创作基地、广东摄影创作基地先后在此挂牌成立。"梧桐山水彩艺术节"上，五彩斑斓的画作与山水相互辉映；"醉美梧桐山摄影展"中，一帧帧精美的影像定格了山水的神韵。诸般艺术盛事，与葱郁山水恰似天作之合，共谱灵韵华章。

扬志愿文化——勾勒幸福邻里的温暖底色。和许多人来到深圳的第一站是罗湖一样，很多人来到罗湖的第一站就是东湖街道的大望社区。不仅因为这里优越的地理位置、丰富的文化资源、独特的自然景观，还因为这里有暖心、贴心的志愿服务。

在这片土地上，活跃着一支 24 小时不间歇、贯穿全天候全时段的社区服务队伍，他们如同不知疲倦的守护

"罗小河"生态环保志愿服务队

者，时刻准备着为居民排忧解难。这里有东湖辖区湖南攸县流动党员党支部，自 2007 年创立起，便坚定不移地投身于两地居民的服务事业之中。15 载"爱心送考"的风雨兼程，13 载"义务巡河"的坚持不懈，他们就像一群坚毅的行者，用行动将流动党员的身份铸就成一面鲜艳夺目的"流动旗帜"，飘扬在这片土地的上空，传递着信念与力量。这里有大望攸县妇联，为 2000 多位来深姐妹巧织"就业+师资"锦网，爱作梭，责为线，助她们破就业之茧，化蝶舞于深圳职场，勇撑就业"半边天"。更有那每周五如期探访辖区孤寡老人的热心邻里，化关怀为暖阳，悉心绘就温馨画卷。有"罗小树""罗小河"小朋友志愿者们，巧妙依托辖区的山水胜景，开展别开生面的生态科普活动，恰似破土而出的幼苗，为这片土地带来无限的生机与希望。聚点点微光，汇熠熠星河。志愿服务这一抹最为绚烂的红色风景线，为如今的东湖勾勒出一幅生机勃勃、繁花似锦的壮美画卷，让其处处洋溢着生命的活力与温馨的气息。

从飞越"鹏城之巅"到赋能"重点片区"，绿色住区、生态城区、产业园区的"高质量"发展强音在这里激情奏响。让只此青绿，不止青绿。

莲塘街道
Liantang Subdistrict

　　探索中国广袤的地图，会发现一个有趣的现象：以"莲塘"命名的乡镇遍布全国，数量超过百个。在农业时代，这一名称象征着"种满莲花的池塘"，在雨水丰沛的岭南地区分布着众多这样的自然美景，位于深圳罗湖区的莲塘街道便是其中之一。莲塘村名最早出现在清嘉庆二十四年（1819年）的《新安县志》，当时的莲塘村归新安县官富司管辖，因村前一口五六亩大、盛产莲藕的美丽池塘而得名。自那时起，这个名字便成为这片土地上不可分割的一部分，见证了无数人的成长与变迁。直至1998年1月20日，随着莲塘

街道办事处正式成立，这个古老而又充满活力的地方迎来了全新的发展阶段。

　　莲塘街道面积约 12.46 平方千米，东起罗沙路隧道口，与盐田区接壤，西至延芳路，北依梧桐山脚，南与香港新界打鼓岭相邻。常住人口约 14.76 万人，其中户籍人口约 6.41 万人，人口密度约为 1.18 万人 / 平方千米。街道下辖莲塘、鹏兴、仙湖、坳下、畔山、长岭、西岭、莲花 8 个社区。提及莲塘，或许会首先让人想到仙湖植物园内那绚烂夺目的杜鹃花海，或是弘法寺中虔诚祈愿的身影，但实际上，莲塘的魅力恰似一座深邃无垠的宝藏。这里是深港融合的活力之地，一街一巷增添深港融合气息；是仙气与烟火气并存的宜游胜地，有变幻莫测的"梧桐烟云"，还兼具宜居、宜业与宜游之美；是经济发展的兴业沃土，织就了现代繁华；还是全龄友好的宜居街区，充满温馨与和谐的美好家园。

梧桐禅影 仙湖绿韵 深港"莲"廊

莲塘街道

莲塘街道位置示意图

莲港同心 源远流长：深港融合的活力之地

　　莲塘，这片位于深港两地山水相连之间的瑰宝，不仅紧密衔接着香港北部都会区的生态康乐旅游圈，更坐落在"梧桐山—红花岭"这一深港生态主廊道上，形成了深港山水相依、生态环境深度融合的最佳范例。莲塘港情浓厚，与香港居民更是血脉相通，随着莲塘口岸旅检开通，港人北上入境人次持续走高，深港深度合作经验值在莲塘持续刷新。

回溯过往，深港人文地脉早已在此"莲"结。据《莲塘万氏族谱》记载，十八世祖朝巽公"身列儒业而兄弟分居之日，家无斗筲，而自己独立其志，则迁于香园围居住"。而长岭村与香港莲麻坑地脉相通、山水相连，两地叶氏同根同源，风俗民情大致相同。1951年，广东省政府开始实行边境管理。为保障农民权益，宝安县向广东省申请边境地区农民可以凭过境工作证过境耕作，莲塘长岭耕作口是当时获得许可的5个耕作口之一，两地居民维持着紧密联系。

两地村民通过长岭耕作口到对岸耕种

深圳香港莲塘同乡会在莲塘开展生态骑行活动

时至今日，长岭村村民还有去莲麻坑村拜山祭祖的习俗，更有5000余名香港人选择在莲塘安家，联系互助需求随之增长。2020年，深圳香港莲塘同乡会成立，汇聚300余名爱国爱港人士，共同推动深港交流与合作。从红色教育到生态保护，再到帮扶项目，共同勾勒出两地和谐共融的崭新景象。

聚焦当下，口岸开通提升港人留"莲"度。随着香港回归祖国，深港两地交流合作日益频繁。两地携手共绘莲塘口岸蓝图，《关于加强深港合作的备忘录》的签署，为东部通道与莲塘口岸的构想注入了新的活力，如春风化雨般滋润着这片土地。岁月流转，共建莲塘口岸的决心始终坚定如初，最终使这一构想照进了现实。2020年8月，连接深圳与香港的第7个陆路口岸——莲塘口岸正式开通。这不仅成为深港间首个实现"客、货一站式通关"的口岸，更是构筑深港跨境交通"东进东出、西进西出"重大格局的关键节点。

莲塘口岸采用"光影·流·岸"的设计理念，使得主体跨河架空，外观宛如一条轻盈舞动的丝带；倾斜各异的柱子在阳光下投射出斑驳陆离的光影效果，展现出独特而灵动之美。项目荣获中国建设工程鲁班奖、中国土木工程詹天佑奖等71项地方及以上工程奖。

在香港特别行政区政府及深圳市政府的鼎力支持下，莲塘口岸以其便捷实惠的公交、高效流畅的通关体验广获赞誉。这里每天都有大量来自不同方向的人群穿梭其间：有前往南方旅游观光的老年团队，也有北上探亲访友的香港市民……他们在这里相聚相识，共同编织着深港友好关系的新篇章。近年来，莲塘口岸访客数量屡创新高，已经成为促进两地交流不可或缺的桥梁之一。

此外，莲塘口岸周边还聚集了许多以"平靓正"著称的小店铺和市场，吸引了大批香港的"银发族"和骑行爱好者前来探索。上午时分，香港"银发族"们推着小巧的手推车，乘坐地铁或公交，来到国威路和莲塘路，流连于烧腊店的诱人香气、甜品店的甜蜜诱惑与菜市场的热闹非凡之间，尽情享受着购物带来的无穷乐趣。骑行爱好者则直接推车入境，开启了一场说走就走的骑行之旅。他们沿着指引，穿梭于梧桐绿道的林间小径，感受自

发现另一个深圳　　深圳78街「全景画像」（罗湖）　　莲塘街道

莲塘口岸全景图

到莲塘消费的香港"银发族"

然的呼吸；又或是沿沙径线绿道前往海岸线骑行，海风
轻拂，波光粼粼，每一次蹬踏都满载着自由与欢愉。顺
应这股热潮，莲塘街道推出了一系列贴心的服务，比如
增设集市专车，并免费发放《莲塘街道游玩指引》和
《莲塘骑行指南》等手册，让每一位到访者都能轻松享
受到莲塘的魅力。据统计，每天有超过 1.5 万名香港游
客在这里的热门餐饮店、商场和景点留下足迹。他们不
仅享受了丰富多彩的文化生活，也为这片土地带来了勃
勃生机。

　　展望未来，北部都会区建设在此"莲"接。 莲塘片

区作为对接香港北部都会区最直接的区域，位于深港现代商贸业升级发展区的核心位置，潜力巨大。未来，这里将借助口岸的地理优势，通过与香港的紧密连接，充分整合深港两地的资源，包括人才、资金、技术和信息等，带动多个产业的发展，拓展跨境服务与消费领域，充分发挥口岸的商贸功能，引领深港现代商贸业升级发展，提升资源配置能力，为深港两地的繁荣发展注入新的强大动力，加速深港深度合作，成为深港合作的新高地。

莲姿绰约 市井寻悠：仙气与烟火气并存的宜游胜地

得益于温暖湿润的气候以及临海的地理优势，梧桐山山顶常年云雾缭绕，变幻莫测，形成了"梧桐烟云"这一奇观。在莲塘街头远眺，"深圳新八景"之一的"梧桐烟云"宛若仙境。除此以外，莲塘更坐拥着深圳市中国科学院仙湖植物园、深圳弘法寺等景区，深圳粤剧团也在此落户，为这片热土添上一抹醇厚的文化韵味。在这里，无论是品尝地道老字号美食，还是漫步于城市绿道之上，都能让人暂时忘却都市生活的喧嚣，享受片刻宁静与美好。

鹏城宝库，仙湖逸境——深圳市中国科学院仙湖植物园。该园位于罗湖区东郊，始建于1983年，是一座集物种迁地保存与展示、植物科学研究、科普教育以及植物文化休闲于一体的多功能植物园。园区六大景区各展风华：仙湖碧波荡漾，椰影翠竹环

深圳仙湖植物园

绕；天上人间景区木兰月季争艳，桫椤映湖，四季如画；化石森林景区硅化木林立，亿年时光凝固；松柏杜鹃景区色彩斑斓，生机盎然；大门区簕杜鹃肆意生长，如瀑布般倾泻而下；庙区弘法寺香火鼎盛。至今为止，这里已经收集并保育了超过12000个分类群的活植物，成为一个真正的生命宝库。

在过去的40多年里，仙湖植物园不仅见证了无数珍稀植物的成长历程，也见证了许多重要的时刻。1992年1月，中国改革开放的总设计师邓小平携家人来到仙湖植物园，并在仙湖之滨亲手种下了一棵高山榕。如今，这棵榕树已是枝繁叶茂，亭亭如盖，成为仙湖植物园的标志性景点和深圳人民珍贵的纪念，吸引着无数市民游客到此瞻仰留念。

园区年均接待游客接近400万人次，2024年春节期间精心策划的龙年球根花卉应用展示，被誉为"深圳版莫奈花园"，深受市民游客喜爱。精心布置的簕杜鹃花海，每逢花期，那大片大片的簕杜鹃肆意绽放，一朵朵簕杜鹃紧密相连，从这一头蔓延至那一头，形成了一片无边无际的绚烂花海，过往行人无不被这盛景吸引，纷纷停下脚步。孩子们在花海边缘嬉笑奔跑，眼睛里满是新奇与兴奋；情侣们手挽手漫步其中，轻声细语，仿佛整个世界只有彼此和这片花海。仙湖植物园还成功承办了多届粤港澳大湾区花展，每届都吸引成千上万的人潮涌入园区赏花游玩，成为深圳市内的一大盛事。花展来临之时，园区仿佛变成了一座花的世界，不仅让本地居民为之骄傲，也让远道而来的游客觉得不虚此行。

鹏城胜地，弘法禅韵——深圳弘法寺。弘法寺坐落于风景秀丽的仙湖植物园内，背靠梧桐山，面临仙湖，依山势而建。目前，寺院建筑面积已达8万多平方米，殿、堂、寮、房、楼、阁

深圳弘法寺

等建筑群错落有致地分布在这片绿洲之上，总数超 60 处。当代佛门泰斗本焕长老曾长期住持弘法寺，一生在全国重建近 20 座寺院。沿着中轴线自下而上望去，朱红色的院墙与金色的琉璃瓦在阳光下交相辉映，犹如镶嵌于青山绿水之间的一颗璀璨瑰宝，熠熠生辉。

无论是周末的闲暇时光，还是节假日的欢声笑语，这里总是热闹非凡又不失宁静祥和。人们或驻足欣赏建筑之美，或漫步于绿树成荫的小径，每一位到访者都能在这片土地上找到属于自己的心灵归宿，感受那份来自内心深处的平静与安宁。

鹏城粤韵，璀璨剧团——深圳粤剧团。在深圳的繁忙与喧嚣背后，隐藏着一方古典韵味浓厚的文化绿洲。当夜幕降临，华灯初上，深圳粤剧团便在这方舞台上缓缓拉开序幕。该团成立于 1979 年，其前身是宝安县粤剧团。作为深圳首个戏曲艺术表演团体，它不仅见证了这座城市的文化发展，更在粤剧这片古老而又充满活力的艺术天地里，培育出了一代又一代的艺术精英，包括粤剧界首位"梅花奖"二度得主冯刚毅，"梅花奖"得主卓佩丽、苏春梅、琼霞，国家一级演员、著名文武生黄伟坤，国家一级演员晓毅以及陈世才、谭兰燕等。

多年来，深圳粤剧团致力于创新与发展，既创排了如《中英街传奇》《雷雨》《东江传奇》这样贴近现代生活的剧目，也保留了诸如《宝玉与晴雯》《赵子龙保主过江》等一系列深受观众喜爱的传统经典作品及精彩折子戏片段。这些剧目跨越时空界限，在粤港澳乃至东南亚、欧美地区广受欢迎，并多次赢得中宣部"五个一工程"奖、文化和旅游部"文华奖"以及中国戏剧家协会颁发的"梅花奖"等多项国家级荣誉，成为深圳市一张亮丽的文化名片。

近年来，深圳粤剧团还积极创新粤剧演绎形式，将戏曲舞台搬到口岸、广场、街头等日常场景开展快闪活动，将粤剧与普通民众的生活场景融为一体，让人"一秒入戏"，好评不断。

深圳粤剧团在莲塘口岸开展快闪活动

食趣莲塘，百味俱全——大街小巷中的风味盛宴。

认识一个地方，最直接的方式莫过于品尝那个地方的美食。莲塘以其丰富多样的美食闻名遐迩，只需要在搜索引擎输入"莲塘"二字，"莲塘到底有什么好吃的""莲塘排名第一的美食店""香港朋友来莲塘都吃什么"等词条赫然在目，一代又一代莲塘人在这里有专属的独家美食记忆。

1993 年，陈华妙的父母在莲塘创立了粤湛鸡饭店，他们几十年如一日地坚持从湛江采购新鲜食材，让这家主打传统湛江菜的饭店收获了大批粉丝。接力父母成为二代餐饮人的陈华妙，将奇思妙想融入菜品创新，尤其是那道"菠萝面包鸡"，将传统窑鸡与西式菠萝包巧妙结合，外观精致，内里鲜嫩多汁，令人回味无穷。从最初的简单尝试到如今成为精美包装的网红产品，菠萝面包鸡不仅让老店焕发新生，也让粤湛鸡饭店声名大噪，吸引了源源不断的食客。味宝园牛杂是一家充满港味的小吃店，店面虽老旧，但门口两大锅"咕嘟咕嘟"煮着的牛杂，香气四溢，引人垂涎。这家牛杂店由香港老板带着家传秘制酱料创办，招牌"牛杂例牌"配料丰富，牛肺、牛肝、牛肠、萝卜、毛肚样样俱全，咸香入味，搭配的辣酱更是点睛之笔；"萝卜牛腩面"肉多汤清，清淡又不失香味；"牛杂汤河粉"料足味美，牛筋和牛膀尤

粤湛鸡饭店的菠萝面包鸡

味宝园牛杂

其出色。在这里，每一口都是对味蕾的极致诱惑，让人仿佛回到了儿时吃牛杂的美好时光。

莲盛业兴 初创摇篮：经济发展的兴业沃土

莲塘，作为改革开放初期农业新模式探索的先行者，曾见证了深圳从一个边陲小镇发展成为国际大都市的辉煌历程。在充满机遇的时代，莲塘不仅是厂房遍布、工人如潮的工业聚集区，更是无数创业者梦想起航的地方。随着时间的推移，虽然由于地理位置等因素的影响，莲塘的发展步伐有所放缓，但它从未停止前进的脚步。近年来，随着口岸和深圳地铁交通线路的开通，以及罗湖区产业定位和城市更新政策的实施，莲塘再次迎来了新的发展机遇。

因农而兴——从边境农耕到现代农业。长岭过境耕作口的开放为莲塘村民过境售卖农产品提供了便利，1978 年，莲塘村与香港五丰行合作，在莲塘村香港新界的插花地建起了一座现代化养鸡场。村民们充分利用在香港新界的 100 多亩耕地，将在深圳河南岸养鸡场产生的大量粪便再利用，开挖鱼塘将其用作饲料，蓄水的鱼塘还可用于灌溉耕田，再将鱼、蔬菜等农产品的收益用于开办养猪场，农业生产力和商品率迅速提高，农民脱贫致富的步伐大大加快。农业现代化快速发展下的莲塘村民率先实现富裕，由此催生出对工商业的强烈需求。

因工而盛——从来料加工到自主研发。深圳经济特区建立两年后，莲塘大队开办来料加工厂，引进香港企业来莲塘投资。1985年，罗湖区政府直属地方国营企业深圳市莲塘房地产开发公司在此建设莲塘第一工业区，产业定位为轻工、纺织。随后，鹏基集团进入莲塘，将鹏基莲塘工业区作为其开发的第三个大型工业区，更多企业入驻莲塘，孕育出一批直至今日都极具影响力的企业。

这里是孕育高新技术民营企业"比亚迪"的初始地之一。在创业的浪潮中，王传福带领他的团队在鹏基工业区的一个旧车厢内，开启了比亚迪的传奇之旅。这里，他们专注于电池生产，通过创新性的半自动半人工模式，建立了一条高效的生产线，日产镍镉电池高达4000个，生产成本比日本厂商低了40%。1997年，随着业务的迅速扩展，比亚迪的镍镉电池销量达到了1.5亿个，产量稳居全球前四，为比亚迪积累了宝贵的初始资本。这一成就不仅巩固了比亚迪在行业内的地位，更为其后续的快速发展和多元化布局打下了坚实的基础。

国内第一家"国有控股，授权经营"的企业中兴通讯，也在此开启了腾飞之旅，一群怀揣着对通信技术炽热追求的开拓者们围坐在一起，激烈地研讨着技术方案，其第一款奠基式产品ZXJ10交换机型号就来源于此。岁月流转，尽管中兴通讯已经发展成为全球知名的通信巨头，但莲塘始终在其发展历程中占据着独特而重要的位置。时至今日，中兴通讯公司的注册地址依然坐落于此，仿佛是一种情感的纽带，将中兴通讯与莲塘紧紧相连。

因企而旺——从传统实业到新兴产业。如今，莲塘在制造业当家、产业延链补链方面具备较好条件，拥有各类企业 1000 余家，其中规上企业（规模以上企业的简称）118 家，主要集中在电子信息技术、软件开发、电子商务、生物制药、平台旅游、服装设计及销售等行业。比如，深圳市航顺芯片技术研发有限公司——近年来脱颖而出的"独角兽"企业[①]，是国内少有的掌握多种设计工艺平台的 32 位 MCU（微控制器）厂商之一，于微小芯片镌刻科技密码。深圳榕亨实业集团有限公司专注智慧城市建设，已成为深圳地区智能交通解决方案领域的佼佼者，助力保障城市交通畅达运行。此外，还有像"本地宝"这样的信息服务平台，它通过整合丰富的资源和服务内容，为用户提供一个集新闻资讯、出行指南、生活助手于一体的综合性网络空间。据统计，"本地宝"的服务已经覆盖了全国近 400 座城市，成为众多网民获取本地化信息的首选渠道之一。莲塘正因这些多元活力

---

① "独角兽"企业，是指成立不到 10 年，但估值在 10 亿美元以上的未上市的创新型科技企业。

企业而日益昌盛，在时代浪潮中破浪前行。

　　说到文化产业，则不得不提莲塘的"野生代言人"——自媒体创作者陈维榕。他自小热爱绘画，大学学习平面设计后，开启了自己的自媒体创作之路。生活中琐碎的各类片段让他发现了深圳这座城市不少的"彩蛋"，如深圳人走路快、深圳各区的特

陈维榕的作品《阿珍与阿强》

色等，这些真实场景经他加工后，变成了港片漫画人物"阿珍"与"阿强"的幽默故事。他的作品打破了人们对深圳的固有印象，以独特视角将深圳人的形象、生活方式等呈现给大众，让人们看到深圳还有充满趣味和烟火气的一面，让读者倍感亲切。《深二代：要不要过来一起做个深圳人？》等作品阅读量均破45万，自媒体账号累计全网粉丝达40万。

未来可期——优质产业空间释放。20世纪90年代至21世纪初，莲塘工业蓬勃，虽然经历了一些变迁，但如今多个工业区正在加速更新，未来这里将释放百万平方米产业空间。莲塘凭生态之美引企业向往，葱郁山水为办公添彩，口岸如纽带连通全球市场，助力产品技术畅行海外。莲塘已然疾驰于产业转型升级"快车道"，正以全新魅力成为企业投资兴业的"福地"，不久后必将汇聚众行业翘楚共谱商业华章。

莲境幽雅 居者心悦：全龄友好的宜居街区

莲塘，这片被绿色生态环绕的土地，不仅拥有四通八达的交通网络，更具备完善的生活配套设施。在这里，每一个年龄段的居民都能找到属于自己的舒适区；这里不仅是心灵的诗意栖居之所，更是一处充满温馨与和谐的美好家园。

山水相依的绿色生态。开门见景，推窗见绿，这是许多市民对美好生活环境的期待。莲塘背靠深圳"绿肺"——梧桐山，碧波荡漾的仙湖水库与蜿蜒的莲塘河如珍珠般镶嵌其间，勾勒出一幅山水人城和谐共生的绝美画卷。漫步于莲塘，一半山地一半城的独特风貌，让人仿佛置身于自然与都市的交响乐章中。莲塘河悠悠南流，梧桐山与香港红花岭郊野公园隔河对望，更添一份静谧与和谐。而绿道则是这美好画卷中的灵动笔触，梧桐绿道青山绿水相依，沙径线绿道串联起深港边界的历史记忆，伯公坳哨所静静诉说着过往。正在建设中的莲塘双拥碧道，更是一条集深港文化、双拥示范、莲塘河文化于一体的新时代碧道，它巧妙地将边防围网、哨所岗亭等历史元素融入其中，让人们在享受绿色生态的同时，也能感受到人文历史的厚重。"人在城中，城在绿中"

"绿美莲塘"摄影展作品

的美好愿景在莲塘得以实现。

便捷宜居的舒适街区。相较于其他地区的喧嚣，莲塘多了一份静谧，这里不仅生活节奏舒缓，更是一个名副其实的"居住型街区"。无论老少，都能找到属于自己的舒适天地。教育方面，莲塘拥有多所优质学校，从幼儿园到高中一应俱全；医疗方面，罗湖区中医院坐落于此，6家社康中心为居民健康保驾护航；居住方面，莲塘既有历史悠久的"鹏兴系"住宅，也有新兴楼盘，房价适中；文体方面，居民可以在仙桐体育公园尽情挥洒汗水，也可以在莲塘文体中心体验运动的乐趣；出行方面，曾经仅依赖罗沙路的莲塘，如今已迎来深圳地铁2号线莲塘段的开通，居民出行更加便捷。未来，随着东部过境高速、罗沙路复合通道的规划，莲塘的交通网络将更加完善，居民的通勤时长将进一步缩短，出行将更加便捷。

幸福友好的和谐家园。莲塘街道物业小区类型繁多，治理需求日益多元，面临着传统社区管理体系与居民多样化需求不匹配的问题，莲塘各小区走出了不一样的路。名骏豪庭小区坐落于罗沙路南侧，由十栋塔楼环抱，绿树成荫，小区多为小户型，地小、人多、事杂，配套设施不足、人员类型复杂、管理难度较大等问题困扰着居民。小区党员们主动担当，化身多面手，紧抓居民关切的事务，成功解决了噪声扰民、养犬不规范等问题，助推家庭医生工作室、休闲小长廊、党群活动室等设施顺利落地，让"有事找党组织"成为居民的口头禅。在人口老龄化、基础设施老化的"双老化"特征明显的鹏兴一期小区，涌现出一批热心公益、投身治理的"莲塘大V"。离退休党员们广泛活跃在小区治理队伍中，关心群众的小事、杂事。他们组织了一支"红马甲志愿服务队"，为老旧小区注入了蓬勃的活力。杂草丛生的废弃草坪，在他们的巧手下，变成了幼儿园孩子们的"安心护送小道"。他们携手共建小区花径、倡导垃圾分类、美化小区环境。问题迎刃而解，和谐之风拂面而来。在这里生活，能真切感受到有人用心为居民做事，和谐友好的幸福感油然而生。

莲塘街道，这个深港融合的活力之地，以其独特的地理位置和丰富的文化底蕴，成为深圳与香港经济、文化交流的一道连廊。

在这里，梧桐山云雾缭绕，仙湖繁花似锦，弘法寺钟声悠扬；在这里，遍布街道的美食小店，是"吃货"的天堂，自然景观与市井烟火交相辉映，传统文化与现代生活碰撞出光芒；在这里，追求事业发展的年轻人和享受宁静生活的老年人，都能找到心之所向。

未来，随着城市更新的不断推进和优质产业空间的释放，我们有理由相信，莲塘将迎来更加辉煌的发展篇章！

发现另一个深圳

深圳78街「全景画像」（罗湖）

莲塘街道

仙桐体育公园

东晓街道
Dongxiao Subdistrict

说到东晓，就必须提起"二线插花地"这个特区独有的历史印记。1982 年深圳修筑了特区管理线，作为曾经关内和关外的分界线，俗称"二线"（对应当时的"一线"——粤港边界管理线）。其中布吉关段附近，因特区管理线与行政区划线不吻合，形成了管理"真空地带"，很多居民犹如"插花"一样圈地"种"房，密密麻麻的低矮自建楼握手相牵，"二线插花地"由此得名，成为特区城市化进程中的一块"疮疤"。为整治"二线插花地"，东晓街道应运而生。历经 20 余年蝶变发展，这片土地已经蜕变为一片既有温馨惬意烟火气，又具时尚潮流活力范的宝藏街区。这里，每处风景都呼应着深圳的成长轨迹、每段故事都见证着深圳的风云变迁。

　　东晓街道成立于 2003 年 10 月 8 日，面积约 3.48 平方千米，地处罗湖区北部，东起东晓路与东湖街道相通，西至广深铁路与清水河街道相接，南靠布心路，与笋岗街道、翠竹街道毗邻，北沿吓围新村北（行政线），与龙岗区接壤。街道管理服务人口约 11.3 万人，其中户籍人口约 4.3 万人。作为罗湖最年轻的街道之一，东晓有"东方欲晓"之义。俯瞰东晓，这里形似一个宝物成堆的"聚宝盆"，以主峰海拔 189.72 米的围岭山为中心，松泉、绿景、草埔东、东晓、独树、兰花、木棉岭 7 个社区环山分布，"精神瑰宝""宝都珍宝""改革法宝""民生至宝"四宝汇聚其中。具体"宝"在何处？这就让您"知晓"。

从"二线插花地"到"罗湖北部聚宝盆"

东晓街道

东晓街道位置示意图

知晓记忆：寻觅东晓人的精神瑰宝

　　在东晓，可以在红色记忆与现代文化交织的脉络中，看见国际共产主义战士梁金生在烽火岁月中留下的红色印记，感受"中国土地拍卖第一槌"的掷地有声，对话"闯深圳，喝金威"的鹏城记忆……在这里，走"远"一点，才能离深圳更近一点。

梁金生烈士纪念馆——传承英烈精神的红色地标。走进东晓街道新屋吓村 139 号股份公司办公大楼二楼，"小而精"的梁金生烈士纪念馆出现在眼前。推开大门，首先映入眼帘的是国际共产主义战士梁金生的照片。照片上的他目光深邃，仿佛引领参观者穿越历史长河，走进那段硝烟弥漫的抗战岁月。

出生于 1906 年的梁金生是越南华侨，祖籍广东省宝安县草埔新屋吓村（今东晓街道新屋吓村）。他自幼怀有报国之志，勤奋好学，通晓四国语言，在战火中先后加入中国共产党和越南劳动党。在中华民族和越南的民族解放运动中，梁金生是秘密战线的革命者、优秀的中医和医药管理人才、理论与实践兼备的教育家和杰出的华侨战士。

纪念馆是深圳市第二批党史学习教育基地之一，分为四个展区，陈列着梁金生在不同革命时期的老物件，陈述着他精彩而壮烈的一生。移步馆内，先是"土地革命，传播真理"展区，一幅幅黑白照片记录着梁金生在农民运动中成立农民协会、农民自卫队，搞减租减息，为广大农民争取权益的身影。再到"奔赴延安，参加抗日"展区，这里展示着梁金生在延安担任多家制药厂厂长，为抗日根据地的医疗事业作出重要贡献的奋斗历程。接下来是到"精湛医术，救死扶伤"展区，一本本医学笔记，记录着梁金生对中医学的研究探索；透过展出的制药工具和药品，似乎能看到他救治边区伤员们的忙碌身影。最后到"辛勤园丁，呵护幼苗"展区，这里的关键词是"教育"，梁金生是教育科班出身，曾担任著名的"红色摇篮"陕甘宁边区第一保育院小学的校长兼党委书记；任宝安县立第一初级中学校长期间，培养出许多进步爱国青年，其中的很多人日后都成了东江纵队成员。

梁金生烈士纪念馆

馆内诸多展品中，一封家书上一句"英雄未必无情者，先公后私界限明"分外动人。这是梁金生于 1945 年赴越南前写给妻子的离别信，字字滚烫有力，将他坚定的革命信仰昭告后人。第二年，梁金生在支援越南人民的解放运动中不幸牺牲，年仅 40 岁。他的一生虽然短暂，却在民族救亡的战火中充分施展才华，是中国共产党领导下的杰出知识分子之一。在梁金生烈士纪念馆，你可以从革命烈士的英勇事迹中汲取百年党史的精神力量。

东晓花园——"中国土地拍卖第一槌"的印证地。向东晓街道东南方向而行，枝叶交错间，位于布心路的东晓花园出现在眼前。红黄相间的低层住宅，几棵枝繁叶茂的老树，让人在这个快节奏的大都市里产生岁月静好之感。这里看似朴实无华，却常有过往游客驻足"打卡"。原来，它正是 1987 年在"中国土地拍卖第一槌"取得地块后建成的商品房小区。

去过深圳改革开放展览馆的朋友们，应该对里面深圳第一块土地拍卖实景的历史图像和展出的拍卖槌留有印象。那张泛黄但满溢着敢闯敢干精气神的照片，将大家带回到 20 世纪 80 年代。当时，建立之初的深圳经济特区百废待兴，特区建设样样都需要资金，深圳人破天荒地想到了"卖地皮"。1987 年 12 月 1 日，座无虚席的深圳会堂内，落下了国内土地市场第一次公开竞拍的"定音一槌"。一块编号 H409-4、面积 8588 平方米的住宅用地的 50 年使用权被深圳经济特区房地产公司以 525 万元的价格拍下，成为中国国有土地使用权首次作为资产进入市场的里程碑事件。一年后，在这片土地上建成的东晓花园，以按揭贷款方式在内地首次出售，154套住宅仅用不到一个小时便销售一空，深圳经济特区房地产公司净赚将近400万元。这一槌后，深圳土地有偿出让渐渐成为常态，还推动了"土地的使用权可以依照法律的规定转让"这一条款写进1988年《中华人民共和国宪法修正案》，从此拉开了中国土地使用制度改革的大幕。走进如今的东晓花园，虽楼体已稍显陈旧，但小区内仍是花草葱茏、生机勃勃，居民三五成群、谈笑风生。在这里，你可以从深圳土地拍卖历程中，感悟"敢为天下先"的改革开放史。

1987年，深圳成功举行中华人民共和国成立后第一场国有土地使用权拍卖会

金啤坊艺术街区——金威啤酒厂工业遗址的"华丽变身"。

"以前这附近的街坊总飘着一股清醇的麦香味！""晚上吃烧烤就得配上金威啤酒""那时总在宝安、布心两个厂来回拉啤酒渣"……东晓街道是深圳金威啤酒的投产地，在这里，你能听到很多老居民关于金威的共同记忆。有人说，金威啤酒的历史就是奋斗与成长史，它是深圳第一个本土啤酒品牌，以高标准、高起点的定位迅速成长，巅峰时期在深圳啤酒市场的占有率超八成，业务版图更是横跨全国；有人说，金威啤酒的制作过程就是专业与精细的体现，过去巨大的酿造车间里，一排排锃亮的金属酿造罐如同巨人般矗立，一瓶瓶啤酒在传送带上快速流动，绘就一幅充满活力的工业画卷；有人说，金威啤酒就是喝得安心，它是"不添加甲醛酿造"的绿色啤酒首倡者，采用德国工艺酿造的啤酒原浆醇厚又清爽，饮后回味悠长，成为无数市民的心头好；有人说，金威啤酒就是时尚与火爆的代名词，曾经的它频繁亮相于深圳的大排档、宴会厅，是妥妥的畅销单品；有人说，金威啤酒就是年轻与热情的象征，当时"来深圳，喝金威！"传遍深圳大街小巷，代表了无数来深创业者共同迈向梦想的拼搏岁月……

随着时代变迁以及金威啤酒母公司粤海集团的业务转型，金威啤酒业务被华润雪花收购，东晓街道东昌路的原金威啤酒厂和金威啤酒广场也于2022年蜕变为金啤坊艺术街区，延续了城市记忆与"深圳味道"。来金啤坊，你可以看到在原啤酒厂基础上保留下来的展示啤酒发酵、易拉罐生产、污水处理等工序的标志

金啤坊艺术街区

性建筑物，在一座座充满设计感的工业迷宫里"打卡"各大"网红机位"；来金啤坊，你可以约上朋友，在保留了原啤酒厂场景元素的"老爷鲜酿"畅谈人生与理想，仿若回到那热火朝天的啤酒美食广场，在老地方干上一杯；来金啤坊，你可以观赏到深圳唯一入选了第三批广东省工业遗产名单的"艺术大作"，体验丰富多彩的城市生活。在这里，你可以从"金威啤酒厂"到"金啤坊艺术街区"的蝶变中，窥见特区发展的峥嵘岁月。

知晓特色：挖掘宝都北部的独特珍宝

提到罗湖消费，很多人的第一反应都是去水贝买黄金。东晓街道正位于被誉为"中国宝都"的水贝片区北部，汇集了萃华珠宝、周六福、谢瑞麟等一批知名品牌的深圳总部，也是无数中小珠宝企业"梦开始的地方"。这里不仅是宝石与金属交织的"淘金地"，更是创意与商业融合的"淘宝地"。熙熙攘攘的人群，带着对美的追求与商业的敏锐，在这方寸之地寻找、拼搏、创业、消费。

遇见频频亮相国际舞台的珠宝界"活化石"。"拔丝地瓜"相信许多人都见过，但不知大家是否见过"拔丝黄金"呢？其实，这是对国家级非物质文化遗产花丝镶嵌的俗称，指的是花丝和镶嵌两种工艺技艺的结合。花丝镶嵌最早起源于商周时期，明清时期进入顶峰，成为宫廷御用工艺，被列为"燕京八绝"之一。花丝镶嵌传承了几千年，将金银的美感推向了极致，被称为珠宝界的"活化石"，是国家非物质文化遗产。在东晓，有这样一位非遗传承"手艺人"——花丝镶嵌与錾刻技艺第四代传承人、萃华珠宝设计总监郭夷锬。她打破传统花丝镶嵌只做装饰物品的惯例，将历代珍贵的皇家珍宝，幻化为时尚服装饰品或精美日用品，并让这门技艺走向世界。从深圳珠宝展出圈的"黄金内衣"，到法国巴黎国际时装周引人注目的"花丝球包"，再到戛纳电影节莫妮卡·贝鲁奇一眼看中的"叩响幸福手包"……都是郭夷锬创意和设计的结晶。作为传统工艺大国非遗工匠，她带领团队设计出284件东方文化主题作品，获得国内外30多项工艺、设计类重要奖项，其中花丝手包、花丝凤钗等非遗珠宝在2024年巴

萃华郭夷锬工作室花丝镶嵌与錾刻作品

黎奥运会期间受到全球关注，更在巴黎时装周、戛纳电影节、威尼斯电影节红毯上大放异彩，被国际巨星争相佩戴。

探寻珠宝文化烙印下的 IBC MALL。 在深圳，有这样一个主题商场，将珠宝文化与市民生活交织相融，为城市增添了别样的光彩，这就是位于东晓独树社区的 IBC MALL，又名"IBC 水贝黄金交易中心"。这里以水贝片区珠宝文化为底色，从琳琅满目、质优价美的黄金珠宝展销柜台，到独特的珠宝原料和工艺创意展示区、独有的超 5000 平方米的"格式"无柱时尚发布大

"珠宝文化"主题购物中心 IBC MALL

厅，再到钻石形状的电梯按钮、蕴含珠宝元素的停车场设计……每次光顾都是一次美的邂逅。漫游 IBC MALL，既见繁华，也遇烟火，市民能沉浸式参与珠宝文博会、珠宝文化节等活动，近距离体验珠宝艺术的无穷魅力，也能随心步入点都德、海底捞等品牌门店邂逅美味、享受生活，可以说是市民游客前来水贝片区"打卡"黄金文旅消费的首选地。

"打卡"创下吉尼斯世界纪录的 IBC 珠宝艺术世界宝石墙。 从 IBC MALL 四楼"珠宝生活馆"旁往里走约 10 米，可以通达 IBC 珠宝艺术世界。这里有描绘珠宝工艺发展史的艺术廊道、利用贝壳风铃模拟宝石撞击声的听觉馆、讲述十二生肖生辰石故事的创意馆……其中最令人瞩目的，莫过于一面以世界地图为设计灵感，由 7500 万克拉宝石构成的宝石墙——它以 139.85 平方米的整面墙体作为基础，手工钉制"一带一路"30 多个共建国家和地区的 170 多种 200 多万颗宝石，获得吉尼斯世界纪录认证，被认定为全球迄今"面积最大、珠宝种类最丰富"的宝石壁画作品。墙面上，从全世界收集的水晶、碧玺、坦桑石、翡翠、和田玉等多种原石保持着天然的色泽与形态，在灯光照射下熠熠生辉，生动展现了亿万年的地质变迁。该墙也成为各国独特魅力的象征，彰显了珠宝文化的交流与融合。通过光影叠加，宝石墙

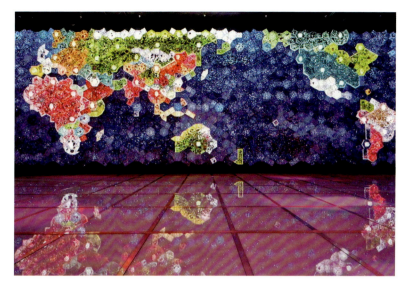

吉尼斯世界纪录认证"面积最大、珠宝种类最丰富"的 IBC 宝石壁画

还能呈现出海洋波浪、人形互动、霓虹变幻等不同效果，为市民游客献上一场场精美绝伦的光影艺术盛宴。

体验"品质生活之选"的深圳天河城购物中心。看完了美不胜收的黄金卖场，感受了缤纷多彩的珠宝文化，如果你还想追寻多一份的"品质感""生活气"，不妨沿着布心路悠然前行，一路逛到深圳天河城购物中心。它以"MALL+ 屋顶花园 + 工业遗存"的独特面貌亮相，通过超长连廊连接分立太白路两端的北、南两区，是天然为"游、购、娱"而生的大型购物商圈。望向深圳天河城，一片开阔无垠的户外广场延展至视野尽头，融汇成现代商业与市民意趣的温柔交界。绿意盎然的屋顶花园上，年轻人三三

发现另一个深圳　深圳 78 街　全景画像（罗湖）　东晓街道

深圳天河城购物中心

两两聚在一起饮咖畅谈。走进商场，艾尔曼艺术中心、俄罗斯国家馆、DS玩偶社等多家罗湖首店汇聚于此，绘就了一幅潮趣时尚画卷。夜幕降临，户外乐队拨动琴弦，广场阶梯上满满当当的听众轻声跟唱……不妨放慢脚步，尽情感受这里随心而聚、自在悠享的生活气息。

见证深圳市首条"黄金珠宝低空运输航线"。过去，黄金珠宝销售主打"高周转"，行业对时间的要求近乎苛刻，但从加工到批零环节的连接，基本依靠传统的人工运输方式，时效往往难以掌控。而现在，伴随着阵阵低沉的嗡鸣，多架载有黄金珠宝货品的无人机每天在龙岗李朗国际珠宝产业园与罗湖水贝片区间交替飞行，不但仅用12分钟便能完成过去驾车30多分钟才能抵达的路程，还能为企业节省物流成本30%以上——这都得益于深圳市首条黄金珠宝低空运输航线的开通。这条"空中大道"的出现，让黄金珠宝从"地上跑"变为"天上飞"，赋予了天空别样的生命力。黄金珠宝低空运输航线正式投用后，迅速成为龙岗李朗国际珠宝产业园、罗湖水贝片区黄金珠宝产业园区的"宠儿"，吸引了甘露集团、翠绿首饰、金嘉福珠宝等知名品牌参与运用，航线认可度和市场影响力与日俱增。平日，市民乐游水贝片区时，若仰头望见几个"辛勤"的小黑点儿穿梭而过，那很可能正是"天上飞的金子"。

2024 年 1 月 "黄金珠宝低空运输航线" 首飞

知晓蝶变：解锁 "蜕旧变新" 的改革法宝

　　东晓街道因所处区位，生来就肩负着推动原罗湖、龙岗交界处 "二线插花地" 焕发新颜、助力居民安居乐业的使命。近年来，一个个期盼在东晓开花结果，一份份执着在东晓得到回响，一项项不可能在东晓成为可能……从棚改后焕然一新的 "智慧生活圈"，到 "商居共享" 的停车新体验，这里的每一处都藏着蜕变与惊喜。

　　东晓的变，要从 "中国棚改第一难" 说起。东晓街道木棉岭社区邻近原二线关布吉边检站，是很多老深圳人 "入关" 后的首选驻留地。过去，密密麻麻的城中村自建房依山而建、连成一片，不少居民不得不与边坡、挡土墙比邻而居；孩子们只能在栋栋房屋间狭窄昏暗的巷道中玩耍，抬头就是密集交错的"电线蜘蛛网"。每逢台风暴雨天，居民人人自危，唯恐房子成了山体滑坡下的"多米诺骨牌"。

　　罗湖"二线插花地"棚改项目的启动，带来了新的希望。这是深圳首个棚改项目，曾被业界称为"中国棚改第一难"。木棉岭片区是其中涉改面积最广、房屋最多、当事人最多的"主战场"。在那段艰苦奋战的日子，上千名热心党员干部挺身而出、奔赴一线，共同书写这

片土地的"新生故事"。他们穿梭在木棉岭的大街小巷，用心倾听居民的声音，为大家争取合法权益、寻找过渡房源、解决生活困难……如同一股股温暖的春风，吹散了居民心头的阴霾。如今，4000 余户木棉岭居民已经搬进棚改后的新家。那一户户崭新的家门，承载着居民们多年的"安居梦"。每一扇窗户里透出的灯光，都诉说着温情和希望的故事，成为这片土地上最动人的风景。

东晓的变，体现在"高颜值""高智商"的崭新木棉岭社区。随着棚改完成，木棉岭社区蜕变为安全宜居的"一线花园城"和全域感知的"智慧社区"。踏入木棉岭，第一眼便是华龙路沿线的大熊猫、森林小鹿等巨幅墙绘。走进社区，整齐划一的楼宇、

棚改前隐患重重的"二线插花地"

改造后崭新的木棉岭社区

宽敞大气的道路、郁郁葱葱的绿植、干净整洁的街面映入眼帘，学校、社康医院、颐养中心、公交首末站等配套一应俱全，摇着蒲扇的社区老居民和打扮时髦的市民游客一起悠闲散步，"烟火气"和"现代范"在此共融。

往深处走，许多新奇的场景徐徐展现：自动巡检小车主动打招呼，"您好，有什么可以帮您吗？"无人机穿梭前去巡山巡林、鹰眼镜头自动捕捉高空抛物……这里搭建了上千平方米的智慧社区指挥中心和数字孪生系统，配置了24万个物联感知设备，嵌入了智慧安防、反向寻车、"AI+垃圾分类"等200余个智慧场景。想象中

木棉岭社区全天智能巡检小车

多端互联、智慧共享的美好数字生活，在此触手可及。

木棉岭不仅有"科技高度"，更有"人情温度"。打开居民专属的"蜜生活"小程序，能看到一个特殊的"悦聊空间"模块，主打"来空间开心聊"。这是木棉岭居民专属的"解忧杂货店"。大家的喜怒哀乐都可以在里面倾诉。社区凝聚了一拨热心人，专门针对悦聊空间中居民关注的热点献计策、勤跑腿、深服务。隔段时间再看，能发现大伙儿的"想要相亲活动""需要蚊虫消杀"等"微心愿"被点亮，"装修噪声""房屋漏水"等矛盾纠纷被化解，可谓"事事有回音，件件有着落"。

木棉岭社区墙绘一角

东晓的变，还体现在"车位错峰共享"的敢想敢干。
曾经，每逢说起居民的烦心事，"停车难"一定名列前
茅。东晓街道 62 个小区中，近八成是建成 20 年以上的
老旧小区，有着"配建车位不足"的通病。很多居民在
夜间停车高峰期只能"见缝插针"式泊车，甚至曾引起
消防车、救护车难进小区、周边主次干道严重塞车等问
题。近几年，很多东晓的居民欣喜地发现，周边越来越
多商场、工业园区挂上了"东晓共享停车"的标识，就
算小区车位满了，这些"家门口"的停车场一样对他们
敞开大门——这都源自东晓街道推出的"错峰共享停车
计划"。这个停车"新玩法"巧妙地将居民小区日间空
闲车位与周边商圈夜间空置车位"手牵手"，通过"早
上你停、晚上我停"，让近千个车位"活"了起来。

如今，东晓辖区近八成停车泊位已实现共享，"停车难"在这里成为往事。每当夜幕降临，忙碌一天的打工人从 IBC 环球商贸广场驶出车辆；另一边，附近太阳新城小区的居民正驱车奔向刚刚空出的车位。"共享停车"成为他们共同的归家桥梁，让每一次回家的路途，都多了几分从容与温馨。

知晓口碑：感受"家门口"的民生至宝

东晓的土地上，既有深圳的速度与激情，也有深圳的温暖与风情。今天吃什么？带娃去哪玩？哪有好学校？踏青上哪去……老百姓最关心的问题，在这里都能找到答案。生活不仅仅是忙碌与奋斗，更是温馨与和谐的交织，东晓以它独有的方式，回应着每位居民对美好生活的向往与追求。

满载老深圳回忆的"菜篮子"布吉农批等你来探。可能出乎很多"老深圳人"意料的是，常逛常买了 30 余年的布吉农批其实不在龙岗布吉，而属于罗湖东晓。1989 年，布吉农产品中心批发市场在东晓兰花地块建成开业，因邻近布吉河畔而得名；占地面积约 15 万平方米，成为彼时全国最大的"菜篮子"。市场汇集了全国及世界各地数千种农产品、水产品。开业第二年，特区内蔬菜、水果的价格就分别比上年下降了 17%、14%，居民们再也不用为"买菜难""买菜贵"而烦恼。在很多深圳人的记忆里，布吉农批是一份鲜活而温暖的市井诗篇：凌晨 4 时，市场已是灯火通明、车水马龙，赶第一波早市的市民接踵而至，蔬菜交易区的喊叫声划破清晨的宁静；节假日，居民们全家齐上阵，大包小包地将便宜又新鲜的肉食、海鲜、果蔬往家里搬运……

近年来，布吉农批依然满溢"烟火气"，市场商户为困难家庭捐菜献菜的"爱心菜篮子"、运用大数据分析产销线的"数字菜篮子"成了市场"新名片"。随布吉农批市场配套建设的翠苑零售市场经升级改造后，成为一个干净整洁、配套齐全的智慧型惠民新街市，还获评了深圳市"十大样板市场"。值得一提的是，改造后的新翠苑市场添设了"第三卫生间"，可供行为障碍者及其陪同者使用，以"小"变化为有需要的人带去"大"温暖。

漫游东晓，"儿童友好"无处不在。 常从草埔地铁站前往布吉农批市场买菜的市民，一定对明亮又"高颜值"的"儿童友好出行光影地下通道"不陌生。每到晚上，通道内灯光璀璨，墙上60米长的特区发展3D立体墙绘精致绚丽，各级阶梯和地面在光影作用下呈现出艺术钢琴、彩虹渐变、海浪鱼群等效果……满满的科技感令人眼前一亮。距离地下通道约4千米外，还有一座约1000平方米的"东晓儿童友好公园"。这里曾是一片闲置空地，如今被划分为光影梦世界、快乐沙世界、儿童

东晓儿童友好出行光影地下通道

天地等游乐区域，焕新为一处富有童趣的城市乐园。每到节假日或放学时段，园内总会聚集不少玩耍的孩子。此外，东晓还打造了"水贝家风剧场"等20余个儿童友好基地，近年来连续获评省、市儿童友好示范街道。畅游在东晓的街巷之间，不难发现，这里有丰富的游乐设施、灵动的墙面插绘、多彩的亲子活动……这里将对"一米高度"的关爱细化在街区建设的方方面面，赢得不少街坊的点赞。

连续 14 年罗湖中考冠军的翠园东晓中学在此起家。每逢"小升初""初升高"升学季，东晓街道翠园东晓中学总会在家长群里"火一把"。翠园东晓中学创办于 2007 年，因生源大多为外地来深圳的务工子弟，办学初期并不引人注目。令人意想不到的是，它凭借过硬的办学质量，在 2010 年首届参加中考即"逆袭"一众名校，赢得"开门红"，荣登罗湖前三；第二年更是化作黑马勇夺罗湖"中考冠军"，自此连续 14 年守擂成功，成为无数学子的梦想摇篮。有家长曾笑称"孩子送进去，一手烂牌都能打成好牌"。学校不但教学品质高，环境也十分典雅，红砖白墙的教学楼错落有致，校园小径绿树成荫，还打造了视野极佳的"空中书屋"和文化阶梯长廊，进一步提升师生幸福指数。

拥抱自然，罗湖北部"绿岛"未来可期。在东晓街道腹地，有一座深圳都市核心区少见的大型原生态郊野公园——围岭公园。公园近乎占据东晓辖区三分之一的面积。这里以山为幕，下围岭、雷公坳、石鼓岭等 8 座小山峰山峦重叠，铺展开静谧秀美的自然画卷；以绿为笔，植被覆盖率高达 90%，葱葱林木勾勒出生机盎然的生态诗篇，并有两处潺潺溪流，为数千种动植物提供了和谐共生的栖息地。从登山口向内探索，一半是环山绿道，一半是原始步道。漫步山林，恍如踏入绿野仙踪，一路景美人少、少有路标，每次择路都可能遇见八角亭、桂花林等小惊喜。拾级而上，坡度平缓、宜行宜停，登山客们可以"一次八峰爬过瘾"，可谓都市人心中"推窗赏景、举足登高"的理想桃源。未来，公园将以"自然之力、罗湖之窗"为设计理念，打造罗湖北部中心

"绿色岛屿"，融入深圳"山海连城"生态版图，并与洪湖公园、东湖公园等实现"八园连通"，满足不同年龄段、不同片区居民"亲山亲水亲自然"的需求，为踏春潮、"森呼吸"、郊野径等都市热门生活方式再添一把旺火。

在东晓，传颂着敢闯敢试、破旧立新的奋斗精神，呈现着新城崛起、活力四射的瑰丽图景，书写着万千居民追梦圆梦、安家立业的动人篇章。未来，东晓将朝着"多元发展新城区"的目标继续"走花路"，成为融人文、科技、生态、优居于一体的罗湖"北门户"，共绘人与城"双向奔赴"的美好画卷。

发现另一个深圳　深圳78街『全景画像』（罗湖）　东晓街道

东晓街道围岭公园登山口

清水河街道
Qingshuihe Subdistrict

　　关于清水河的记忆有哪些？是一列列绿皮火车，是一排排铁皮仓库，还是一声声悠扬的汽笛……早在深圳经济特区建立之初，清水河片区就作为深圳最大的转口贸易基地，为特区的改革作出了特殊贡献。如今，时过境迁，沧海桑田，绿皮火车虽已淡出人们的视野，清水河这个动人的名字却持续流淌着振奋人心的故事。放眼望去，银湖山与鸡公山巍峨耸立，布吉河与清水河蜿蜒流淌；罗湖人才公园草木葱郁，绿道如诗如画；高楼大厦如雨后春笋般拔地而起，科技企业纷至

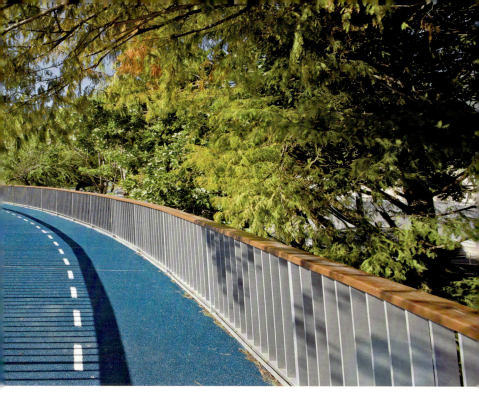

沓来。让我们一起乘坐时光的列车，接续驶过交通线、产业线、人才线、家园线、红色线，沿着时光探索清水河的巨变。

2003 年 10 月 8 日，清水河街道轻轻掀开了它崭新的一页，正式授牌成立。辖区面积约 14.85 平方千米，东起广深铁路，与东晓街道相连，南至泥岗路，接北环大道，西与福田区梅林街道和龙华区民治街道相接，北至鸡公山，与龙岗区布吉街道接壤。目前，常住人口约 11.38 万人，其中户籍人口约 4.17 万人，人口密度约为 0.76 万人 / 平方千米。街道下辖梅园、银湖、坭岗、清水河、草埔西、玉龙、龙湖 7 个社区。这里交通便利，产业多元，生态优美，作为罗湖转型升级的主引擎和主战场，清水河正以实际行动讲述着罗湖的"新生故事"。

清水河畔汽笛悠扬
总部新城活力迸发

清水河街道

清水河街道位置示意图

交通线：从"三趟快车"驶向"交通枢纽"

作为"老深圳"的核心区域，交通曾是清水河的命脉。可以说，清水河的发展史就是一部生动的交通演变史。清水河地处罗湖、福田、龙华、龙岗四区交界处，凭借优越的地理位置，清水河工业站以"三趟快车"的轰鸣，铸就了供港物资的生命线。今日，正在崛起的"深圳枢纽"——罗湖北站将以崭新的姿态联接大湾区的四面八方，擘画区域协同发展的新版图。

深圳工业站——深港物资供应的关键枢纽与历史见证者。广九铁路旁边有一个停运多年的火车站：褪色的绿皮火车、斑驳的铁轨、沉寂的站台……无一不诉说着它往日的荣光。位于清水河的深圳工业站曾经是供港物资的最后一个中转站，承担过仓储物流集散地的历史使命。如今，"退休"的深圳工业站依旧被时光温柔以待，"东风1型2207"和"东风5型1134"两台内燃机车静静地停靠在这里，诉说着深港往来的历史。在这里亮相的有

深圳工业站

全国首家三趟快车专题博物馆、沉浸式轨道影院、铁路休闲公园以及深港商业街区，汇聚成为 City Walk 的"打卡"胜地——深圳工业站·深港文化创艺街，吸引着众多游客前来参观。

深圳工业站·深港文创街党群服务中心也坐落于此，这是深圳唯一的设在火车车厢上的党群服务中心。中心为游客提供独特的车厢休憩和"三趟快车 VR"游览体验，通过文物、史料、照片等元素，让参观者以"押运员"的身份，全面了解这条穿梭半个世纪的供港生命线的辉煌历程。除此之外，更有一处别具一格的火车餐吧——"浅草火车餐吧"，为游客提供热气腾腾、炭香四溢的烧烤。

深圳汽车站——来深创业者的梦想启航之站。当长途大巴缓缓驶入深圳汽车站，可以看到那些等待发车或是刚刚抵达的人们，脸上或带着疲惫，或洋溢着希望，眼神中闪烁着对未来的无限憧憬。坐落于深圳市上步北路银湖大厦的深圳汽车站，建成于 1993 年，亦是人们所熟知的"银湖汽车站"。曾经的它，规模颇为可观。总占地面积达到 2415 平方米，站内设有 6 个发车卡位，拥有 30 余条营运线路，其线路不仅通达省内各县市，还辐射至海南、湖南、湖北、广西、江西等 24 个省（市、自治区）。深圳汽车站在当时的深圳具有重要地位，它是深圳市最大的汽车站，同时也是特区内客运班线最多、班次最密的长途客运站。回溯 20 世纪 90 年代，众多怀揣梦想的创业者们在这里走下长途大巴，迈出了在深圳打拼的第一步。在那个顺风车尚未普及、高铁尚在建设的年代，巴士成为连接家乡与深圳的重要纽带，承载了一代深圳奋斗者们关于家的温暖回忆。

罗湖北站——区域协同发展的新引擎。走进建设中的罗湖北站，效果图上的大跨度"V形"钢管柱、镂空造型、自然采光等亮点元素正从蓝图变成现实。罗湖北站为地下三层双岛式站台车站，负一层为综合交通层，负二层为站厅层，负三层为站台层。罗湖北站围绕"站城一体"的理念进行设计，位于枢纽站体核心正上方的中央广场空间打破铁路站点与城市空间边界，营造出层

罗湖北站效果图

深圳 78 街「全景画像」（罗湖）

清水河街道

深圳汽车站

叠与开阔感并存、科技与生活交互的站城一体场景；错落堆叠的独栋盒子，塑造富有未来感和悬浮感的形象，体现总部新城科创精神。上盖物业整体设计从清水河汲取灵感，曲线连续流畅的空中廊道慢行系统，串联起整个枢纽的上盖开发，打造出一张"城市公共绿毯"。罗湖北站是高铁"一南一北双枢纽"（南为罗湖口岸深圳站枢纽，北为罗湖北站）战略格局的关键组成部分，深汕高铁将引入此站，且与轨道 3、14、17、25 号线紧密相连，其中 17 号线已开工建设，25 号线已纳入规划。17 号线和 25 号线分别对接罗湖口岸和文锦渡口岸，实现与香港北部都会区的无缝对接，未来将是"多线换乘"的TOD（公共交通导向型）站城枢纽。

产业线：从"供港物资中转站"驶向"清水河总部新城"

时光的列车悠悠，驶向了清水河。坐在列车上的你我，透过岁月的窗棂，目睹了产业的蝶变。曾经的清水河工业站是供港物资的中转站，也是物流基地、仓库以及"三来一补"产业的集散地，建材、食品等通过工业站在内地和香港之间往返。老话说得好，"火车一响，黄金万两"，而这一切的故事都要从跨越近半个世纪的

"三趟快车"讲起。

连接内地与香港的"三趟快车"。 1962 年，在周恩来总理的关心下，原对外贸易部和原铁道部共同开创编号为 751、753 和 755 次的三趟快车，"定期、定班、定点"每日开行三趟，满载着猪牛羊等生鲜，经深圳运抵香港。20 世纪 90 年代，每天由内地经深圳运往香港的活禽活畜占香港市场供应量的 99% 以上，冻肉水产、瓜果蔬菜等占一半以上。2010 年，随着内地现代物流业快速发展，供香港鲜货逐步从铁路运输转为公路运输，"三趟快车"也正式退出了历史舞台。40 多年间，经验放的"三趟快车"有 41100 多列，服务此项工作的人数超百万人。在香港那头，各种美食佳肴被端上餐桌，引得食客们垂涎欲滴；而在深圳这头，押运员们在活门车棚里钻进钻出，默默坚守了一轮又一轮的酷暑严寒。一直以来，香港同胞亲切地将"三趟快车"称为"生命线"，它不仅保障了香港同胞生活所需，促进了香港的经济发展和繁荣稳定，还寄托着祖国人民对香港同胞血浓于水的骨肉深情。现在，随着深圳的产业升级和飞速发展，清水河逐渐褪去了旧日的工业外衣，迎来了崭新的使命，它正以"数字经济总部经济集聚区"的姿态重新崛起。从服务香港转变为广深港澳科技创新走廊的重要节点之一，清水河即将成为链接湾区、智引未来的重要枢纽。

孕育未来产业的清水河总部新城。 镜头缓缓推进，在清水河中海慧智大厦，格子间里的键盘敲击声此起彼伏，会议室内汉

语、英语、法语等各种语言流畅切换，楼下随处可见行
色匆匆的职场精英……在清水河总部新城，这样的场景
每天都在上演，一笔笔订单、一个个项目在这里产生。
清水河片区毗邻城市中轴，是深圳市重点开发建设区域

之一，也是深圳"十大人工智能聚集区"之一。这里聚焦软件与信息服务、生命健康、人工智能、新材料等战略性新兴产业，进行项目建设和企业招引，推动不同行业之间的资源共享与优势互补。深圳市真迈生物科技有限公司就是其中的代表，这家公司专注基因测序仪和生命组学仪器的技术和创新，形成了低、中、高、超高通量基因测序仪全阵列产品，是全球屈指可数的拥有基因测序系统自主知识产权以及产品阵列和商业化交付能力的高科技企业。如今，清水河片区汇聚了 61 家年营收亿元以上的企业，229 家规模以上企业，82 家国家高新技术企业，以及 40 家专精特新企业，科技创新活力满满。

西依银湖山，东临布吉河，面朝红岗公园，被银湖山三面环绕……清水河总部新城将依托其得天独厚的生态基底，以生态融合为关键思路，打造全国首个中心城区"环境治理＋开发建设＋产城融合＋创新引领"的发展样本，建成高质量的"三生融合"总部园区。定位的变化，不仅仅是名称的转变，更是清水河在时代浪潮中积极进取、勇于创新、实现跨越发展的生动写照。

人才线：从"城市绿肺"驶向"人才智慧谷"

好山好水好风光，孕育出一方人杰地灵的好风土。清水河的银湖山郊野公园山体绵延相连，横跨罗湖、福田、龙岗、龙华 4 个区，抬眼是青山环绕，绿树叠翠，空气中弥漫着清新的气息。密林深处的银湖水库碧波荡漾，登上聚龙阁、引凤台这两个视野开阔的观景平台，

银湖水库

朝吸晨露新氧，暮看霞光金镀，山水风光一览无遗。更难得的是，这里不光有锦绣河山的旖旎春光，更有文人墨客的诗情画意。瞧那伫立在银湖路中段的牌坊，低调古朴，上面刻画着生动有趣的意象，自有一份典雅气派。我国著名书画家刘海粟90岁时书写的"银湖"两字至今高悬，昭示着银湖的悠悠文脉。

在20世纪90年代，银湖是罗湖这个地区繁华的缩影和标志，名流聚集，风光无数。这里有深圳最早的一批高档住宅区，齐明别墅、颐园、金湖山庄……依山而建的别墅群风格自成一派，花园洋房、欧式城堡的设计呈现几分恢宏气势，掩映在绿野之间，

环银湖水库碧道

颇有点世外桃源的氛围。现在，银湖的"人才磁力"更是与日俱增，被银湖山郊野公园环抱的清水河国际人才智慧谷，包含"三园两院一碧道"①，是近年来罗湖区重点打造的人才创新载体。漫步在智慧谷，只见银湖上架着一座双层环湖碧道，栈道上层是蓝色塑胶跑道，下层是步行木栈道，将锻炼与休闲的人群分开，上下两层相互独立、交错延伸、互为映衬，呈现如水波荡漾的动感，集休憩、慢行、快跑、观景、赏林等多重功能于一身。沿途郁郁葱葱，构成一条看不到尽头的绿色"隧道"。

---

① 三园指罗湖人才公园、金湖公园、银湖北公园，二院指综合开发研究院（中国·深圳）、深圳画院，一碧道：环银湖水库碧道。

环形碧道连接着树木茂盛的罗湖人才公园。此园又名相思林公园，因山上种有大片相思树而得名。顾名思义，惜才与浪漫是这里的主题。市民游客可经齐贤桥，登望贤阙，沉浸式感知思贤文化；亦可在白色树屋小憩，在稚童雕塑的陪伴下，重温一场关于爱与纯洁的童梦。穿过公园，来到远离尘嚣的深圳银湖会议中心（酒店），湖水银光闪烁，楼阁错落叠榭，花木争奇斗艳——浑然天成的景色，与颇富岭南风格的园林建筑相映成趣，博得"城市花园，天然氧吧"之美誉。走进曲径通幽的人工连廊，可

罗湖人才公园

以领略银湖独一份的宁静与松弛。值得一提的是，这里还是深圳市政府接待中外贵宾的指定下榻酒店。碧道另一头的金湖上库水库库岸公园则是一座对外开放的水库型公园，园内全长约 1.85 千米的湖库型碧道盘活了水库闲置空间，为市民打造出一个以生态为底、以活动为芯的综合性城市公园。

孕育着年轻城市艺术创造智慧的深圳画院。在波光闪烁的银湖湖畔，在树木花草的簇拥中，有这样一座建筑，质朴低调，艺术气息浓厚。这是成立于 1986 年的深圳画院（深圳市公共文化艺术创作中心）。深圳画院是深圳第一所也是唯一一所专业美术创作研究机构，画院成立之初，国内的画院尚为数不多，一度让深圳成为全国的美术重镇。从怡景花园的一栋小楼到银湖的艺术殿堂，从求贤若渴到人才济济，从初生牛犊到自成一派，深圳画院是深圳 20 世纪 90 年代文化繁荣发展的缩影。1992 年，"深圳画家画深圳"的创作活动带着一系列反映改革开放风貌的作品进入大众视野，宋玉明的《大亚湾畔》、陆佳的《都市水墨》、赵卫的《南国街市》、陈向讯的《观澜高尔夫球场》……见证了国内美术题材从农村生活到现代化大都市的转变。同年，深圳画院与中国画研究院联合主办"'国际水墨画展'92 深圳"，成为同时期中国美术界最具影响力的国际性展览。1998 年

12月，经文化部批准，深圳市人民政府主办、深圳画院承办了"第一届深圳国际水墨画双年展"，该展览已被列入深圳市政府文化事业发展规划，成为常设性文化艺术项目之一。多年来，深圳画院接待了数以百计的国内外著名画家和理论家，开展了积极广泛的艺术交流，并与美术馆合作举办了华君武、丁聪、沈柔坚、方召麟、周思聪、舒传熹等著名画家的画展。

首批被列为全球百家著名脑库之一的综合开发研究院。综合开发研究院（中国·深圳）距深圳画院仅几步之遥。这座"中国脑库"是国内第一家综合性、全国性的社会智库，是中国研究咨询机构中最先尝试市场化运作的先行者。1989年2月，综合开发

综合开发研究院（中国·深圳）

研究院（中国·深圳）在深圳经济特区正式成立，以马洪、李灏、陈锦华、蒋一苇、高尚全、林凌、纪中等为代表的 116 位经济学家、企业家和社会活动家出席了成立大会，并提出一系列让人耳目一新的构想，为特区的发展出谋划策。1990 年 5 月，深圳市人民政府批准在银湖区域行政划拨土地作为研究院建设基地，从此综合开发研究院（中国·深圳）在清水河安家。近年来，综合开发研究院（中国·深圳）积极推进国家高端智库建设，不断探索社会智库体制机制，围绕"双区"建设、高质量发展、城市治理等承担了大量研究咨询课题。

家园线：从"百年村落"驶向"魅力都市"

村落，是族群的集合，是家园的符号，是劳作的土地，更是时代的印记。清水河也是从一个个小村落成长起来的。数百年前，客家先辈们历经颠沛、迁居于此；数百年后，无数老深圳人和新深圳人在清水河相会，共同见证着这片土地的变迁与繁荣。如今，这些百年村落已实现华丽转身，清水河也成为幼有善育、学有优教、病有良医、住有宜居的"魅力都市"。

繁华都市中的百年客乡。清水河街道有 4 个城中村，分别是章睾村、鹤围村、清水河村、泥岗村，世居

村民大都为客家民系。章峯村是其中"客味"最浓的代表，村民们逢年过节会制作裹蒸粽、鸡屎藤粄、萝卜粄、茶果，清明祭祖，正月拜祠堂、舞麒麟，逢孩子出生有"祠堂点灯"……这些沿袭数百年的人文风俗，如今仍在车水马龙的现代都市中流动和传承。

深圳中学——红砖灰瓦的"小斯坦福"。作为以深圳城市名字命名的中学，深圳中学的含金量自然不必多言。深圳中学有博士学位教师 100 余人，从清华、北大毕业的教师 150 余人，从哈佛、麻省理工、牛津、剑桥等海外顶尖名校毕业的教师 80 余人，

深圳 78 街　全景画像（罗湖）

清水河街道

深圳中学（泥岗校区）

教授、特级教师、竞赛金牌教练、名班主任30余人。在2017—2023年期间，深圳中学学子被清华、北大录取的有255人，位居广东省第一；被《美国新闻与世界报道》发布的世界大学排名中全美前30的大学录取的有489人，录取率达65%。在2023年广东百强中学排行榜中，深圳中学跃居第一。可以说，进入深圳中学就相当于一脚迈进了重点大学。深圳中学（泥岗校区）是深圳中学新校区，于2020年秋季正式启用，总建筑面积约17万平方米，推动深圳中学招生规模增加上千人。校园的整体设计按照"一心两轴三区"的规划理念，重点打造轴线的院落景观，营造一所融于山水、充满岭南书院气息的、具有外传统、内现代、高水平、高品位的学校。

罗湖未来学校——破解"千校一面"的典范。 将大自然搬进学校里会是一种怎样的体验？行走在全透明的教室，看着屋外的天然岩场，山、水、植物、阳光向室内延伸……作为全国首个以"习本"理念为设计概念的未来学校，这所九年一贯制公立新样态学校——罗湖未来学校，以"面向未来、对标国际、适应智能时代"为定位，以"习本"为理念，校园由全球知名的日比野株式会社进行高水平设计。"习本课堂"突破现有的课堂结构和课堂形态，拓展为"课前习—课中习—课后习"相续，关注每一个学生个体知识技能的消化领悟、创新能力的培养和个性的发挥。在罗湖未来学校的校园里，没有传统教室，取而代之的是运用智能物联、大数据、全息影像等高科技手段构建虚拟和真实生活融合的"习场"。教室里，教师既是科任老师，又是生活导师，引导学生参与学习研究，并对学习、社交、生活等方面进行全方位关注，倾听每一位学生成长中的声音。

红色线：从"特区拓荒牛"驶向"志愿服务队"

清水河街道的梅园社区是罗湖区党员人数最多的一个社区，"拓荒牛"建设者占比83%。1979年，2万多名基建工程兵响应国家号召奔赴深圳支援特区建设，用青春和汗水开出一条条马路，筑起一栋栋高楼，创造了3天建一层楼的"深圳速度"。

其中，基建工程兵00019部队在清水河街道梅园社区红岗西村驻扎，何林就是其中的一员。据他回忆："当时感觉一支烟的工夫就能把深圳走完看完，到处都是铁丝网、土路。"当时战士们穿的是尼龙布衣裤，住的是竹叶棚，吃的是二米饭、咸菜，喝的是冬瓜汤，遇到台风天，棚子都被吹个底朝天，到处都是蚊子、老鼠，时常碰见蛇和野猪。

老兵口述历史采写展示活动——"致敬百年，我心向党"。为了记录下这些珍贵的记忆，清水河街道在辖区内招募小记者，挨家挨户地敲开老兵的家门，认真地聆听老兵们一字一句地讲述过往。收集的文字、影像、旧物等珍贵资料最后汇总成展，3个

罗湖未来学校

摄影作品《升》

月内接待了超 3000 名观众。街道还根据老兵的口述内容，通过浮雕、版画、图文专栏等形式打造"基建工程兵拓荒记忆"文化长廊。长廊中有一张经典图片——《升》，在红岭大厦建筑工地以仰拍形式展现基建工程兵的工作场景，反映出特区建立初期蒸蒸日上的发展势头和改革开放的时代张力。这个作品还获得了第 13 届全国摄影艺术展览金奖。

引领鹏城特色党建品牌——"老兵护梅园"。清水河街道的老兵传承远不止于此，除了特区建立初期的建设主力基建兵，这里还汇聚着抗美援朝老兵、对越自卫反击战老兵以及援越抗美老兵。走进清水河，随处可见退伍军人的身影：由老兵们组建的"拓荒牛"老兵宣讲队，在机关、企业、社区开展"三进"宣讲活动；以"拓荒牛"文化长廊作为红色教学点，基建老兵组织开展"行走的党课"……让一抹抹"橄榄绿"蜕变成"志愿红"，让退役军人先锋力量走巷入户，深入治安巡防、文明建设、志愿服务等基层治理的方方面面。老兵们的"拓荒牛"精神正影响着一代又一代、一批又一批年轻党员干部埋头基层、砥砺前行。

回望过去，清水河这趟"列车"从历史的尘埃中驶出，满载着那湖光山色映照着的动人故事、那砖墙瓦缝中沉淀着的百年记

基建工程兵向青少年讲述奋斗故事

忆，以及产业焕新的满满活力。展望未来，清水河正朝着一个"时间效率有密度、生活品质有温度、城市共生有态度"的未来理想街区加速前进。

后　记

　　街道作为城市的基本单元，是居民生活的空间载体，更是城市文化、经济、社会活动的微观缩影。本书围绕罗湖区的 10 个街道展开，深研基层党建、街道历史、人文地理、产业特点、民生服务等不同领域，结合特色案例，援引详实的数据和丰富的史料，全面展现了罗湖区各街道的立体形象和基层工作成效，有效宣扬了罗湖区的文化历史魅力。

　　本书是《发现另一个深圳：深圳 78 街"全景画像"》（11 册）系列丛书的其中一册。该丛书立足于深圳城市气质，全面深入调研了深圳市 11 个行政区（含新区、特别合作区）共计 78 个街道，是兼具人文价值和社会价值的城市文化主题系列丛书。

　　该丛书由深圳市委常委、组织部部长程步一同志担任总策划。罗湖区分册由曾雪莲、绳万青、吴振兴、米勇、唐汉隆、聂雄前和邱刚同志担任策划，燕珂、段嘉欣、王良、许其飞、卢少锋、徐明、许全军等同志担任项目统筹，吕毅、李智、甘春勇、袁亮、彭仁松、毕祥伟、夏育涛、方成军、林坚、魏刚、赖卫东、刘潇、苏媛媛、高星、黄敏婷、梅开、蔡健飞、陈庆锋、陈玲玲、李民、鲍宇、王昊、谢正钱、林雨霖、张迈等同志负责执行、实施。书稿编写过程中得到了各级领导和有关部门的重视和支持，以及相关领域专家的倾力指导，在此一并表示衷心感谢。

该丛书由深圳市委组织部成立的调研组、编写组主持编写。张小霞、蔡晓柠、常培桦、邹骁潇、陈玲鸿、郑清水、何春阳、叶乔楠、梁菀萌、陈泳西、秦华娇、朱柳依、梁潇、张李娜、徐钰珊、赵红霞、申声、莫丽君、李志艳、陈颖、黄贻凯、李伟云、林漪湄、郑跃芳、朱玮荣、张志红等同志，结合一线的基层工作调研实践，收集、整理罗湖区珍贵的文件资料，形成了罗湖区分册的内容。

本书深入贯彻落实党的二十大和党的二十届三中全会精神，旨在以街道之"小"见城市之"大"，提升大众对城市文化的关注与重视。在这方面，希望本书的编写能起到抛砖引玉的作用，带动城市文化与城市基层治理深度融合，助力党建引领基层治理理论与实践研究大步向前发展。书中如有疏漏和不妥之处，恳请读者批评指正。

本书编委会

2025 年 1 月